新股民必修课

覃维桓　著

经济管理出版社
ECONOMY & MANAGEMENT PUBLISHING HOUSE

图书在版编目（CIP）数据

新股民必修课/覃维桓著 . —北京：经济管理出版社，2015.1（2015.5 重印）

ISBN 978 - 7 - 5096 - 3601 - 5

Ⅰ. 新… Ⅱ. 覃… Ⅲ.①股票投资—基本知识 Ⅳ.①F830.91

中国版本图书馆 CIP 数据核字（2015）第 006832 号

责任编辑：张　马

责任印制：张　马

责任校对：赵天宇

出版发行：经济管理出版社

（北京市海淀区北蜂窝 8 号中雅大厦 A 座 11 层　100038）

网　　址：www. E - mp. com. cn

电　　话：(010) 51915602

印　　刷：三河市延风印装厂

经　　销：新华书店

开　　本：720mm × 1000mm/16

印　　张：13.5

字　　数：200 千字

版　　次：2014 年 8 月第 1 版　　2015 年 5 月第 2 次印刷

书　　号：ISBN 978 - 7 - 5096 - 3601 - 5

定　　价：32.00 元

前　言

本书专为初入股市者量身而做，内容简明扼要，理论深入浅出，指导切合实际。

在经过2001年6月到2005年6月漫长的下跌之后，中国股市经历了前所未有的辉煌，在到2007年10月的两年多时间里，上证指数增长了5倍，从998点直冲到6124点。更多的普通老百姓开始关注股市，几乎人人手里都有股票或者基金，到了全民普及的时代。

然而股市的辉煌之后跟随的是惨烈的下跌，到2008年10月在1664点见底以前，上证指数下跌超过70%，大多数人亏损累累。但是更让人没想到的是，股市在2009年8月3478点再次见顶之后的5年时间里就一浪更比一浪低，再也没有起来过。

人们不禁要问，既然股市是经济的"晴雨表"，为什么中国经济一直在向前发展，而中国股市却会这样大起大落呢？我们又该如何应对呢？

其实，与其说股市是经济的"晴雨表"，不如说股市是经济的"哈哈镜"，在股市中反映出来的经济经过了很大的扭曲，当大家都对经济前景抱乐观态度的时候，股市会大涨特涨；而当经济刚有过热苗头的时候，股市却可能已经跌得惨不忍睹了。这就是中国股市大起大落的根本原因，在一定程度上，中国股市的这次大跌是全球金融危机的反映。

目前中国经济处于快速发展之中，在全球金融危机爆发之后，中国更是成了世界经济发展的领头羊。但是周边环境存在许多不确定性，全球经济仍有二次探底的风险。不仅欧洲和日本面临着经济衰退，美国经济复苏也还远不尽如人意。而国内经济正处于转型过程中，发展速度放缓，不过这是发展中的问题，相对来说是比较容易解决的。而所有这一切在股市中反映出来就是反复振荡筑底，一旦经济基础稳固了，还会迎来大发展的前景。2014年以来，中国股市已经大幅度全面转好，走出了长期的下降通道，正是新投资者参与的大好机会。

如今国际上有大量资金看好中国经济，我们看到香港股市上的H股有许多股价已经大大超过国内的A股，这是过去多年来很少见到的。这说明中国股市正处于底部，有着光明的发展前景。中国股市上有许多上市公司在未来将成为中国乃至世界的明星，股价将上升数倍乃至数十倍，而随着国家的发展，老百姓的收入也将大幅增加，有更多的人手里有闲钱用来投资，中国股市无疑是一个最佳场所。对于新入市的股民来说，这本书就是最好的敲门砖。因为我是站在普通股民的立场，讲解入市所需的最基本知识，以及最基本的防范风险的方法。

虽然投资股市有好处，但并不一定适合每个人。在经过了多年磨炼之后，大多数股民往往都是亏损的，这是股市中难以避免的现象。因为虽然股市总体来说是随着经济的发展而发展，但是其股价的发展速度常常赶不上股市的消耗，因为股市分红、税收、佣金要占很大比例，而股市中又有一部分人获利丰厚，剩下的大部分人获利就有限了，不然钱从何而来？所以新股民应当提高风险意识，切不可因为急于求成而酿成大错。

预计在未来几年里中国股市仍会继续向前发展，而当前正在崛起的"市道"正是新股民入市的好时机，大家应当抓住机会提高自己的本领，才能在未来的大牛市中获得更大的收益。

衷心地祝愿大家在股市里发财！

作 者

2014 年 12 月

目　录

第一讲
股市入门

第二讲
股 市 分 析

第三讲
股市操作

第 一 讲
股 市 入 门

第 1 课

什么是股票

新中国股票上市交易到如今已经有 30 多年了。在这些年里，中国的股市起起落落，成了百姓生活中不可或缺的一部分。虽然并非所有的人都炒过股票，但直接或者间接参与的人占了极大数量，所以给我们的生活带来不可估量的影响。

只是最近几年，由于股市长期萎靡不振，愿意买股票的人少了，所以对人们生活的影响在下降。但是 2014 年以来，股市开始启动了，到股市开户也就是新加入股市的人大幅增加，国外买中国股票的资金也大幅增加，种种迹象表明，一个新牛市正在启动之中。希望大家认清这个形势，不要迟疑，尽快投入到股市中来。

也许你还完全是个新手，对股市一窍不通，但是正打算到股市上来试试自己的身手，可是面对股市上千种股票、变幻莫测的行情，不知该从何下手。下面就来讲一讲什么是股票，以及如何由浅入深地掌握买卖股票的方法。如果本书能够起到抛砖引玉的作用，读了以后对你有所启发，就算达到目的了。

要知道什么是股市和股票，先要知道什么是股份公司。"公司"这个词现在可以说是无人不知，无人不晓了。那么股份公司和别的公司又有什么不同呢？股份公司在国外已经有好几百年的历史。而在中国，不算解放前那段，才只有 30 多年的时间，所以一些人感到生疏。其实我们经常听说的一些世界上有名的大公司，例如，美国的 IBM 公司、可口可乐公司，德国的西门子公司，日本的索尼公司、松下公司，无一不是股份公司。国内许多股份公司的产品也早已是家喻户晓，比如大众汽车、长虹电视机、海尔电器、贵州茅台，等等。那么为什么这些公司都要采用股份公司的形式呢？

让我们先来看一个简单的例子。有个人打算做一笔生意，从四川将橘子贩到北京来。当地的售价是 1.00 元/斤，北京的售价是 2.00 元/斤。除掉运输费等成本 0.50 元/斤，每斤可以净赚 0.50 元。但是做一个来回至少要投入资金 6 万元，而他自己的钱又不够，于是就和一个朋友合伙做这笔买卖（注意，不是借钱做！）。由他出 4 万元，他的朋友出 2 万元，或者说他出两股，他的朋友出一股，并讲好在做完这笔生意后，不管是赔还是赚，两人按股分担。结果做完这笔买卖后，除去购入费、运费、人工费、税收等，一共赚了 2.4 万元，于是除了本钱之外，他分得 1.6 万元，他的朋友分得 8000 元。

这自然是最简单的一个例子，但说明了共同经营的本质，即共同投入资金，收益按比例分配，当然如果亏损了也要按比例分摊。假如在上面的例子中如果不是赚而是赔了 6000 元，那么他就要负担 4000 元，只能拿回 3.6 万元，而他的朋友要负担 2000 元，还能拿回 1.8 万元。

随着人类社会的发展，开展经济活动的需要，出现了各种企业。最早出现也是最普通的一种企业是由个人或家庭所有的企业，这种企业形式简单，成立和解散都容易，又有便于管理，易于保密等优点，这就是独立经营的企业。至今它仍然是世界上最普遍的企业形式之一。

和独立经营相对的是共同经营的企业，其中最早出现也最简单的就是合伙企业，它是由两个以上的人合伙经营的企业，通常是共同承担责任，既可分享利益，又要在亏损时分担损失。这样既能增强企业的力量，又能增加抵御风险的能力。

以后又出现的各种公司中最重要的就是股份公司。股份公司有几个特点：一是公司的财产要平均划分成若干等份，即股份；二是公司的股份由不同的人持有，持股的人称为股东，公司要有足够多的股东；三是公司的资本由公司支配，所有权和经营权完全分离；四是公司要有一套民主管理的程序，如公司领导由股东大会选举产生、上市公司的财务状况要向社会公开，等等。

　　这样就使它具有了其他企业所没有的优越性，一方面它可以募集到大量的资金，满足社会大生产的需要；另一方面它将风险分散到整个社会，极大地增强了企业抵御风险的能力。同时股份公司有一套完整的运行制度，保证了它的正常运作。所以在发达国家中，股份公司已经成为大企业最普遍的形式。

　　股份公司的股份分别由不同的人持有，各人持股的数量有多有少，而不论持有股份多少，凡是持有公司股份的人就是股东。持有股份的凭证就是股票。过去这种股票大多是纸的，上面写明是哪个公司的股票，持有人是谁，持有的数量是多少；等等。现在为了买卖方便，改成把股票存在交易所的计算机里，就和我们把钱存在银行里一样。股民们拿到的是账户卡、交易卡等。凭它就可以从计算机里查到，某个人拥有哪个公司的股票和拥有多少股。

　　股票有几个特点，叫作无期性、权责性、流通性、风险性。

　　无期性是说股票发行以后，卖出股票所得的收入就归公司所有。它不像债券那样到一定时候偿还，除非公司宣布破产彻底清算，否则你就永远不能用股票向公司要回你所持有的那份财产。

　　权责性是说你买了公司的股票，就成为公司的股东，就对公司的经营管理有权过问，像参加股东大会、了解公司的经营状况等，并且有权分享公司的利益也就是参加配股分红。如果你持有的股票占了公司股票的大多数，自然你就取得了公司的领导权。在国外，股份制公司的产权转让就常常是通过股票的转让来完成的。

　　流通性是说你买了股票以后虽然不能退回去，但是可以转让给他人，可以在市场上买卖。

　　风险性其一是说股票的价格是随着公司的经营状况以及股市的起落而上下波动的，你买的股票有可能因为公司经营得好或者股市上升而获得好的收益，也可能由于公司办得不好或者股市下跌而遭受损失。买卖股票易于取得大的收益，也就伴随着大的风险，收益和风险总是并存的。其二是说一旦公司破产，你的股票也要连带遭受巨大的损失，甚至血本无归。所以我们在买股票之前一定要搞清楚，切不可轻易从事。

第 2 课

股份公司为什么要发行股票

我们仍旧来看上面卖橘子的这个例子。如果在做生意之前他是向朋友借了 2 万元，并说好在两个月以后归还，利息 5%。于是到了两个月之后，不管是赔还是赚，他都要归还 2 万元加上1000 元利息，一共是 2.1 万元。

让我们比较这两种做法的不同。在借钱的做法中，如果他的信誉好，有比较雄厚的家底，那么他朋友承担的风险就比较小，有希望得到固定的收益。而在合伙的做法中，他朋友要承担比较大的风险，但是也有可能获得比较大的收益。这就是两种投资方法的不同。

通常我们把钱存到银行里是一种间接投资，银行把收集到的钱贷给企业，企业得到收益后归还贷款时要付出较高的利息，银行再把它的收益中的一部分作为存款利息还给存款人。企业是否能归还贷款和储户没有直接关系，这样银行承担了投资中的风险，只要银行不倒闭，大家总能按时得到利息，而存款人获得的收益也就比较有限。

直接向企业投资获得的收益可能比银行存款高，但所承担的风险也就高。

而和上面的两个例子一样，社会公众直接向企业投资也有两种方式，一种是购买公司发行的债券，另一种是购买公司发行的股票。企业债券是借钱给公司，到期公司连本带利归还。至于公司办得好坏，公司使用这笔钱是赔了还是赚了关系不大，只要公司没倒闭就要按期归还。而且一般来说企业债券的利率要比存款的利率高。而购买股票则是把这笔钱交给公司，以后共享投资的利益，也共同承担投资的风险。如果企业办得好，大家有可能得到很高的收益；企业办得不好，大家都要跟着倒霉。

我们国家发行的公司债券通常利率比银行同期存款高，而且由于国家对公司发行债券控制很严，一般不会出问题，收益是比较可靠的。例如，2001 年发行的 01 三峡工程开发总公司企业债券，期限 15 年，年利率 5.21%，税率 20%，1 万元债券税后每年可以获得 416.80 元的利息。到 2016 年可以收回本钱。而中途如果你急需用钱，也可以把它在市场上卖掉。

而购买股票的收益就不那么确定了，如果公司办得好，股价大幅上升，你可能得到很大的收益；而如果公司办得不好，造成股价大幅波动，你可能遭受损失，甚至血本无归。例如投资者如果在 1994 年用 6 元多买入"中集集团"的股票，到 2007 年 3 月实际股价（算入送配股、分红等的复权价）已高达 400 多元，上涨了 60 多倍。而如果你在 2000 年用 120 多元买入"亿安股份"的股票，到 2004 年最低时只剩下不到 7 元，损失高达 94%。

从个人来讲，这两种方式各有利弊，喜欢稳妥的人愿意选择前一种方式，因为收益可靠，又不用冒什么风险；喜欢激进的人则可能愿意选择后一种方式，因为可能获得较大的收益。

而对国家来说，直接投资自然是更为有利，因为这样既可以由整个社会来承担投资的风险，国家又能从中得到税收，有双重的好处。

发行股票和储蓄一样能起到筹集资金的作用，可以把社会公众手中零散的钱集中起来发挥作用，用在国家急需鼓励发展的行业上去。而公司更能从集资中得到好处，因为不管股东持有多少股票，只能将其转让买卖，而不能退股，这样由发行股票募集到的资金就成为公司的资本，而不受股东的影响。只要公司不破产倒闭，它就可以一直办下去，不会因股东的变更而变化。

但发行股票的作用又不仅仅在于此。通过发行股票，企业实行股份制，就把企业和股东联系在一起，企业不仅要向上级负责，而且要向股东负责，要受到全体股东、全体股民甚至整个社会的监督。这样可以促进企业注意改善经营，提高效益。因为企业的效益好，股票的价值就高，就起到了促进资金向好企业流动的作用。这样就使全社会都来关心经济的发展。

发行股票为资金的组合找到了一条出路，它把人们手中闲置的、分散的资金集中起来，变成有效的生产资金，充分挖掘资金潜力，提高了资金的使用效益，推动社会生产力的发展。通过发行股票又使经济活动社会化，由大家共同来承担投资的风险。从世界各国的经验来看，股份制是市场经济的一个重要组成部分，有着强大的生命力。现在世界上各个发达国家的企业虽然各不相同，但大企业却基本上都实行股份制。我国要发展社会主义的市场经济，股份制是必由之路。

当一个公司从普通公司转为上市公司时，发行股票通常是在已有公司的基础上进行改造，将原有公司的资产评估作价入股，原来这些资产是谁的就算谁的股份；另外根据需要再发行一部分股票。如果原来就是上市公司，也有时和新上市的公司一样采取面向社会公众发行新股的方法，称为"增发"；但更多的是采取"配股"的办法，就是将要增加的这一部分公司的股份，用比较优惠的价格出售给它的股东。例如一个公司的股票在股市上要15元才能买到，而享有配股权的股东却只要出5元就可以买到配股。假如说该公司的配股权是10配3，即每持有10股该股的股票就有权按配股价买进3股配股。如果一个股东已拥有1000股该公司的股票，那么在配股时，他就有权购买300股该股的配股股票，这样他只要交上$5 \times 300 = 1500$元以后，就可以拥有1300股该公司的股票了。

经过股份制改造的公司和以前的公司在所有制上就不一样了，我们国家有国有企业、集体所有制企业、民营企业等不同所有制的企业，而股份制公司就不是单一所有制了，它是各种所有制的混合体，各自按照其所拥有的股份而占有一定的比例。

过去我们的国营企业、集体所有制企业，虽然说是全民所有、集体所有，但究竟每个人有多少却说不清楚。股份制企业则不同，每个人在企业中占的份额是根据股份的多少来决定的。例如在股份制公司内一切重大事项都要由股东大会来决定，而在股东大会上不是根据人数的多少，而是根据股票的多少来进行表决的。谁持的股票多，谁就有更多的发言权。所以随着股票的买卖，股权的转移，也就改变了公司的主人。在国外，一些大公司的股权往往是很分散的，所以大财团只要持有一个公司股权的百分之十几或者二十几，就掌握了这个公司的领导权。因为现代大公司的财产可以多到几百亿元甚至几千亿美元，大资本家也未必有这么多的钱。而且他们并不愿意把所有的钱都放在同一个公司里。通过持有各个公司的股票，他们用同样多的钱就可以掌握更多的公司了。

因为股票和债券不同，不用到期偿还，而且这样筹集来的资金不用付利息，只要根据公司的盈利状况来给股东以回报就可以了。所以许多公司只要有可能，就要向社会上发行股票。

发行股票有这么大的好处，那么谁可以发行股票呢？

在我们国家的《公司法》、《股票发行与交易管理暂行条例》等一系列法规中对公司的设立、股票的发行等都做了详细而具体的规定，例如公司要有一定的规模、公司开办的时间不能少于一定的年限、公司最近几年内要有一定的效益、公司要有一定的资本、要有合乎要求的章程、成立时还要有一定的审批手续等，这里就不一一介绍了。其基本精神就是只有达到一定规模、已经开办足够长的时间、经营又好的公司才有资格发行股票。那些经营差、入不敷出的公司当然是不许发行股票的。因为这种公司虽然也想发行股票，但有谁会愿意买他们的股票呢？不过当前社会上各种各样的公司和股票多得很，所以，我们在买股票前一定要搞清楚才行。

一个大公司有几千、几万名职工，管理起来是很复杂的。一个公司通常要由股东大会、董事会、总经理、监事会等来进行管理。股东大会是公司的最高决策机构，决定有关公司的一切重大问题，并选举产生董事会和董事长以及监事会。股东大会每年召开一次到几次，所有股东都有权参加，并根据股票的多少进行表决。在平时，由董事会行使其职权，负责处理公司重大经营管理事项，并负责在适当的时候召集股东大会。监事会负责监督公司的经营管理。公司的总经理以及各级部门经理则是由公司聘用，来完成公司的各项业务。

第 3 课

人们为什么买股票

公司发行股票有很大的好处，那我们买股票又有什么好处呢，是不是为了能够像那个卖橘子人的朋友一样分成呢？

是这样的，既然我们买了这个公司的股票，成了它的股东，也就理所当然地可以分享它的收益，或者说分红。通常公司采用以下几种方法来使它的股东得到好处：

（1）分红派息。就是公司每隔半年或者一年，根据公司的经营情况，从其利润中取出一部分，按股分给大家。

（2）也有一些公司不是把利润直接分给大家，而是送红股。就是说，增加了股东的持股数目。例如一个公司的送股方案是10送3，即每10股送给红股3股，如果你原来持有1000股该公司的股票，送股后你就有1300股了。

（3）除了利润之外，每年公司还要提取公积金，当公积金达到一定数量时，公司可以把一部分公积金转为股份，分配方法和送股时是完全一样的，因而对股东来说并没有什么区别。

也许你会觉得，既然公司送转股时是按比例进行的，在这之后我们在公司中持股的比例并没有发生变化，那么送不送股又有什么不同呢？当然不一样，这是因为公司的股份多少并不是任意划分的，每一个股份都是和一定量的资产相联系的。当公司的经营状况好，净资产增加时，它才能采用送红股的方法。通过送红股使我们持有的股份增加，就说明公司将它的利润用在了扩大再生产上，使我们拥有的净资产的数量增加了。

公司办得好，我们可以分享好处，那么如果公司赔了本，我们是不是也要跟着赔钱呢？

　　这种可能性是有的。公司办得不好，利润很少甚至赔了钱，自然就拿不出钱来给大家分红，于是大家都不愿要它的股票，结果股票的价格就要降低，比你买进时的价格还要低，这样你就赔钱了。如果公司办得还要糟糕，破了产，这时就要对公司的财产进行清算，偿还债务以后再把残留的财产按全部股份加以平分，你所能分到的财产自然要大大低于你购买股票时所付出的价格。虽然这种现象是很少发生的，但是我们买股票之前一定要明白一个道理，就是购买股票与银行存款、购买债券不一样，它是有风险的。

　　那么，我们买股票是不是主要就是为了分红呢？

　　分红只是目的之一。在有些国家，银行的利率很低，而某些股票的股息很高，所以有些人买股票主要是为了分红。

　　而目前我国的银行利率虽然不高，但股价很高，分得的股息却不多。除了少数股票以外，大多数股票的股息和股票的市值相比，仍然要低于同期银行的利息。还有的公司因为经营状况不好，两三年才能分一次红。所以分红只是购买股票的一部分好处。

　　如果不仅仅是为了分红，那我们买股票又是为了什么呢？从国家来说，主要是为了发展社会主义的市场经济，使股份制逐渐成为我国社会主义所有制的主要形式。要把国营所有制的企业逐渐改造成为股份制企业。另外，可以集资来发展一些国家急需发展的某些行业和企业，例如能源、交通、原材料、高科技这样一些行业。

　　从个人来说，买股票的动机不尽相同。有的人是因为听说别人玩股票赚了钱，自己也想来试试；有的人是手中有了一些余钱，想到股市上来碰碰运气；有的人是把炒股当作一种游戏，从中可以享受到收益和风险的刺激；也有的人觉得存银行所得的利息太少，想通过买股票来使手中的钱增值。不过不管怎么说，有一点是一致的，就是买股票的人都希望自己买了股票后能赚到钱而不是赔钱。

　　那么，买股票真能赚到钱吗？如果我们从总体上而不是就单个的股民来说，答案是否定的。因为既然公司的分红赶不上银行的利息，而买卖股票又要为中介公司等付出一大笔费用，所以持股人的总收益当然不如把这些钱存在银行的收益高了。

既然这样，为什么还有那么多人愿意买股票呢？

原因之一在于刚才我们说的是持股人的总收益。但实际上，这个收益并不是平均分配的，而是有的人赔，有的人赚，而且有的人赚得还很多。像上海、深圳股市刚开始时买到股票的人大都赚了大钱。这就像买彩票，虽然只有个别人能抓到头奖，有人只用两元钱就抓到了一辆汽车。这样尽管大多数人什么也没有抓到，仍然纷纷掏腰包去买，甚至有人一买就是几十张、上百张。

据国外统计，10 个买股票的人中有 7 个是赔钱的，2 个是不赔不赚的，剩下的那 1 个才是赚了钱的。尽管如此，买股票的人还是越来越多，大家都希望自己能够成为那 1/10 中的一个。和买彩票不同的是，它不单是靠运气，更要靠智慧、靠坚定果敢的心理、靠实力，所以它才有无穷的魅力，有更多的人愿意到股市上来试一试风采。如果你手头有余钱，又觉得自己有实力，那不妨也到股市上来试试。当然不要忘了"股市有风险，投资需谨慎"那句话。

另一个原因就是股市中存在着虚拟放大，当股市上涨时，股价上涨的程度和投入的钱并不成正比，所以在一定条件下，可能进入股市的大多数人都挣到了钱。从各个国家的经验来看，在经济向前发展的时候，股市也能向前发展。前些年美国的股市上涨很快，人们已经不再把钱存入银行，而是都用来投资和消费。当国家经济发展时，人们手中的余钱增加，就会有更多的人愿意把钱投到股市中来。

目前国家的政策也鼓励股市发展，随着买股票的人越来越多，股价自然就会不断地上涨。所以有一种观点认为，股市从长远来说都是牛市，也就是不断上涨的股市。例如，我国台湾地区的股市在 20 世纪 60～70 年代的 10 年间，股市的点数增加了 10 倍，从 1000 点上升到 1 万点以上。美国股市更是一直处于上升的环境中，如果 1914 年买上 1000 美元美国 IBM 公司的股票，到现在则价值数千万美元。

从长远来说，中国股市是很有潜力的发展中的股市，现在投资股市的人都有希望得到很好的回报。只要中国的经济不断发展，股市也一定会不断蓬勃向上。

　　伴随着经济的发展，很多企业越办越好，盈利增加，给股东的回报也就增加，这就是股票的内在价值提高了。如果股民们能从公司得到更多的回报，买的人自然就会多了，股价也就会涨得更高，买股票的人就得到更多的收益。所以我们说买股票是买它的未来。当前我国上市公司大多是各行各业中的佼佼者，有些已给股东们优厚的回报。当然上千家上市公司不可能都一样，有的回报高，有的回报低，这样我们就要有所选择。我们常说那些绩优的股票有更高的投资价值，指的就是这个意思。

　　那么我们怎样才能从股票中取得收益呢？

　　买股票有两种方法：一种方法是选择买入某一种股票放它几年、十几年，完全有可能随着公司的发展而得到丰厚的回报。前提一是经济发展，二是你买入股票的公司发展。我们通常把这种购买股票的方式称为投资。另一种方法是在股票便宜时买进，股票价格高的时候卖出，从中赚取差价。通常把这种购买股票的方式称为投机。但在实际上，这两种投资方式并不是截然分开的。投资的人到一定的时候也要把股票卖出，否则就无法得到收益。至于买了股票以后究竟要多长时间以后卖出，什么时候卖出才最有利都有学问。如果股票买的不合适，放多长时间也无法取得收益。所以从长远来说，我们把钱投入股市也就是投资，但我们又希望投资在股市中能够有所收益而不受损失，那就要学习炒股的方法。

第4课

如何看待股市和股票

与其他各种投资方式，如储蓄，购买债券、基金，买卖外汇、期货；购买书画、邮票、古玩、黄金珠宝等收藏品；办实业、经商等相比，股票是受到众多人喜好的一种投资方式。那么股票这种投资方式有些什么特点呢？

首先，购买股票不受资金限制，可多可少，多到几千万元、几亿元，少到几万元、几千元，同样都可以进行。

其次，购买股票的道理可深可浅，可俗可雅，你可以用很多时间、精力去钻研股市的理论，而且永远没有尽头；也可以仅凭感觉去做，有的人也照样能得到不错的战绩。购买股票不需要应付复杂的人际关系，因为股票的总金额非常之大，个别股民的买卖对其价位没有什么影响，所以除了特大户之外，普通的股民互相之间都是战友，互相帮助、互相切磋的情景随时都可以看到。

股市的博弈性自然也是它吸引人的一个重要特点。多空双方随时在股市中较量，引出纷呈多彩的变化。不过即使你什么都不懂，随便在什么时候买上任何一只股票，也不是没有可能获利。所以有的人又把它看成碰运气的好地方。

股市中又蕴涵着很深的哲理，事物的发展变化、人生的各种弱点和相互之间的斗智斗勇以及欺诈蒙骗等各种现象在这里都暴露无遗，使人性得到升华，也可以更好地理解人生。

国家对股市的鼓励和支持，是股市发展的最重要的一个原因。因为股市是把资金投向国家最需要的地方，又不需要偿还大量的利息，而且通过企业上市，逐步地对企业进行改造，使其跟上现代化的要求。所以国家希望股市能健康地不断发展。

股市投资自然有它的缺点，最主要的就是风险大，从风险的程度来说，股市的风险仅次于期货和外汇，如果从成功率来说，股市中的失败者远多于成功者，各个国家的统计数字都表明，在股市中赔钱的人总是多于赚钱的人。

改革开放以来，随着中国股市的发展，它已经成为中国社会主义市场经济中一个不可缺少的部分，并且起着越来越大的作用。中国上市公司在截止到 2011 年的 21 年里融资 4.3 万亿元，这还不算股市上交的印花税，而普通股东累计分红仅 0.54 万亿元。可见股市对国家的财政收入、国家经济的发展贡献之大。

股市好比一个巨型的资源分配器，社会上的财富源源不断地流入股市，又从股市中流向那些经营最好的企业，这样就起到了一个优胜劣汰的作用。虽然公司的业绩并不一定总和它的股价成正比，但其股价归根结底却是其经营业绩的反应。当一个公司盈利不断增长时，它的股价迟早总会上涨，甚至常常只是对公司未来可能盈利的预期就可以使其股票大涨特涨，这就是股票"炒未来"的特性。

人们常说股市是一个国家经济的"晴雨表"，这两者虽不是同步发展，但却存在着密不可分的关系。日本在前几年经济发展快的时候，股市曾经冲上过 38900 多点，而这些年经济不景气，股指长期保持在 1 万点上下。美国经济前几年蓬勃发展，道琼斯指数 1987 年突破 2000 点，1995 年才告别 4000 点，而 1999 年已经冲上万点大关。此后虽调整到 7000 多点，2014 年则再创 17000 点新高。不过以科技股为主的纳斯达克指数在 2000 年后也是大涨特涨到 5000 点以上，但后来大跌了近 70%，现在还没有回到最高水平，这和美国经济发展减缓也是紧密相连的。

股市中投资与投机是两个不可分割的侧面。一个只有投资而没有投机的市场就会是死水一潭，也就无法吸引人参加。而投机过度则会伤害大多数人的利益，也使股市难以持续健康地发展。

股市是风险与机遇并存的。因为股市进行的是股票交易，有人买入就必须有人卖出。所以如果扣除手续费和税金不计，最终应当是零和游戏，也就是说，在股市上挣了钱的人挣的就是赔钱人输掉的钱。但是因为在股市上涨时存在着一个虚拟放大，大家都对股市充满信心，股价不断上涨，就会出现大多数人都挣到了钱的情况，这时就会吸引更多的人把钱投入股市；而当股市下跌时，对股市失去信心的人不断把钱撤出股市，这时就会造成大多数人赔钱的情况。如果再考虑到股份公司发行新股（包括配股）和国家税收的钱也来自股市，而公司的分红远远比不上它们从股市上筹集到的资金多，股市上的风险就更加显而易见了。

股市是一个公平交易的场所。股市是市场经济的产物，除去某些违法现象之外，应该说股市对每个投资者都是公平的。这个公平体现在：机构等大户虽然有资金多、消息灵、关系广的优势，散户有消息滞后、受到谣言侵害等劣势；但散户有最重要的一个优势，就是"船小好调头"，可以迅速地"空仓"或"满仓"，而大户因为资金多，行动迟缓，而且难免露马脚，这就为中小投资者提供了最好的机会。

股市又是一个没有硝烟的战场。虽然股市中不动枪不动炮，但是它造成的伤害并不亚于枪炮。因为在股市中输掉血本而跳楼自杀的人国外有，国内也有。股市中每个人都希望能够挣钱，为此有些人不惜做出违法事件，例如通过舆论煽风点火，与上市公司、审计单位串通一气，制造假信息等，无所不用其极。虽然政府也不断出台各项政策加强监管，但真正达到比较规范的市场还要有一个过程，何况企图违法操纵市场的人总会想尽办法来躲避监管。所以我们在要求政府加强监管的同时，要紧的是要学会加强自我保护，不被伤害。要做到：一是不轻易相信任何人，即使是和自己很亲近的人，因为他们也同样难免受骗上当；二是不要将过多的钱投入股市，尤其是新手不要借钱炒股，以免造成严重的后果。

股市还是一个社会与人生的缩影。我们在人生的道路上也会有曲折和反复，有挫折和教训，也有成功的喜悦。但是只有股市把这一切数字化、形象化了，从股票的涨涨跌跌上我们不是同样可以得到深刻的启示吗？

股市更是对人生的考验。股票低价买入，高价卖出，看似极为平常简单的道理，为什么却很少有人能够做到做好呢？凡是在股市上待过一段时间的人都会有这样的经历：有时我们看到股票便宜得厉害，但不是不敢买入就是资金已全部套牢，没有钱可买了；也有时我们买入了便宜的股票，并且可以盈利抛出，但是还没有卖掉，股票就又跌下来，结果被长期套牢。每个人都确实看到了股市中赚钱的机会，但却与它擦肩而过。实际上股市中不仅是资金和技术的较量，更是一场心理的较量，因为在股市中赚钱的永远是少数人，只有能在关键时刻与众不同的人才可能挣到钱。这里要克服的一是"贪婪"，二是"恐惧"。所以我们要在股市中取胜，最重要的不是要战胜股市，而是要战胜自我。

虽然说到股市中来的人都希望自己能挣钱，但是只有真正能够战胜自我，不为钱所困扰的人才有充分的把握挣到钱，这就是股市中的哲理，股市的真谛。

第 5 课

什么样的人才适合炒股

　　社会上的人千差万别，思想、性格、气质、爱好、能力各不相同。那么是不是随便什么人都可以炒股票获利呢？当然不是。那么什么样的人才适合呢？

　　有的人说，某某人很聪明，他炒股票一定行。实际上，每个人的能力在各个方面表现并不相同。正像文艺、体育需要天才一样，炒股也需要某些灵感。有的人理论上分析起来头头是道，实际操作起来，却并不是那么回事。据说美国人做过一个实验，让几位股票专家和一个黑猩猩各选几只股票，过一段时间再来看好坏。结果有的专家选的竟然还不如黑猩猩选得好。所以炒股票也需要一种"灵感"，正如同下棋时所说的"棋感"。当然这种"灵感"也是要在实践中不断总结经验才能逐渐养成的。但要紧的是要善于在实践中学习，不会学习的人是不能在股市中成为行家的。

　　从性格气质上来说，应该是那种遇事头脑冷静，不慌不躁而又大胆果断的人才容易在股市上获得成功。有的人容易激动，高兴时忘乎所以，不高兴时垂头丧气，这样的人有可能一时取得好成绩，却难以持久。有的人遇事优柔寡断，下不了决心，这种人往往贻误战机，难以取胜。也有的人自己没有主见，总是喜欢随大流，听这边这么说有道理，听那边那么说也有道理，总是按别人的意见去做。这种人严格说来并不是自己在炒股，而是别人在替他炒股。这样遇到一个"好军师"还可以，如果碰到一个"赖参谋"就只有自认倒霉了。还有一种人则是刚愎自用，谁的意见也不听，不撞南墙不回头，这种人也难免栽跟头。

— 18 —

还有一个重要的条件是要有良好的心理状态，最好不要有大的心理负担，例如个人或家庭中有不幸事发生、工作或婚姻正处于危机中等都会造成不良影响。所以如果遇到这种情况，最好不要投入股市，或者过一段时间再说。

另外，对金钱要保持一颗平常心，要看到金钱毕竟是身外之物，生不带来，死不带走，特别是有些人属于工薪阶层，好不容易积攒了一些血汗钱，希望投到股市上能得到好的回报，结果一旦失误就会造成巨大的打击。所以奉劝这样的人最好还是不要到股市上来，毕竟股市风险莫测，谁也无法给你打保票。

《史记》中有这样一个故事，说的是越王勾践的宰相范蠡在越国灭掉吴国，报了仇以后便离开越国，到山东去做了商人，并且发了大财。一次他的二儿子在另外一个国家犯了死罪，他就派小儿子带上千金去救。大儿子知道以后就争着要去。大儿子去后找到国王的手下，许以千金。于是国王的手下在国王那里说了好话，国王便下令免了二儿子的死罪。大儿子知道事已成，舍不得把钱给出去，又反悔了。国王的手下就又到国王那儿说坏话，国王就又下令把二儿子杀掉了。

大儿子回去后见到父亲，父亲说，我早知道你办不成事，因为小弟是在糖水中长大的，不把金钱看得那么重，所以能办成这件事。而老大你是从小跟我吃苦长大的，知道钱财来之不易，所以不肯舍弃钱财，因而办不成。

这个故事说明了不同的人对待金钱的不同态度。

据报载，南京有一个人在 1994 年股市大潮时，在沪市 300 多点时购入了 8000 多元的股票，当股市涨到 1000 多点的时候抛了出去，赚了 1 万多元，一高兴就笑开了，而且傻笑不止，结果成了个傻瓜。这固然是个极端的例子，但也说明我们如果打算进入股市，就要有充分的思想准备，不因一时的输赢而冲动。当然这也有个过程，心理要逐渐适应，所以开始时可以投入的钱少一些，等适应后再逐渐增加。不过也要注意有个限度，不要因为投入的钱太多而造成不良后果。

第6课

炒股要做哪些准备

人们常说，不打无准备之仗。进入股市也是一样，要充分做好各方面的准备，才有可能取胜。除了上面所说的心理准备之外，还包括以下几个方面：

1. 资金准备

资金是炒股的前提。没有钱自然谈不上进入股市，但要多少钱才能到股市上"潇洒走一回"呢？

这要看个人的经济能力而定。一般来说，投入股市的应该是家中闲置不用，可多可少的钱，可以占到存款的 1/3~1/2，大部分的钱以存入银行或购买债券为宜。这样才不至于在万一失误时造成重大危机，以致在需要用钱时拿不出来。孤注一掷地将资金全都投入股市甚至借钱炒股是最危险的。

就一般人来说，开始时以投入 1 万~2 万元做起点为宜，万一赔掉一部分也不会太心疼，等有了经验后再逐渐增加投入。

2. 炒股信息和方法的准备

进入股市之前最好对股市有些初步的了解。可以先阅读一些书，掌握一些专用技术术语，逐渐做到能看懂关于股市的各种报道、评论等。

炒股先要有获取股市信息的手段，现在有关证券的信息渠道很多，我们可以根据自己的条件进行选择。

在报纸中，《中国证券报》、《上海证券报》、《证券时报》等都是证监会指定的报纸，上市公司的年报、招股说明书等正式的消息都必须在这几家报纸上披露。所以如果有条件的话，应当选择阅读这几种报纸。各地重要报刊上都开辟了股票专版或专栏，到周末还会有集中的各股评述等。

周末是证券类报纸杂志集中出版的时候。不仅专刊大都在星期六出版，各大报纸也大都有专版。不少报纸上都刊登有股市上所有股票的走势图和对各只股票的分析，供投资者参考。

在杂志中，最著名的是中国证券市场研究设计中心主办的《证券市场》周刊，每周两期，同在星期六出版，一本以信息为主，另一本以评论为主。其他如《证券导刊》、《股市动态分析》、《证券市场导报》等也各有特色。

听广播、看电视也是了解股市信息的好方法。各地电台和电视台都有自己举办的各种证券节目。除了介绍沪深股市行情之外，还有专家对股市和股票的分析、推荐热门股票等。

上网浏览是了解股市信息的最佳方式，网上不仅有股市的动态、上市公司信息、国家政策、各家评论等，还有股民学校、股票软件、股市民意测验、炒股比赛等丰富多彩的内容。证券网站包括：证监会、证交所、各个证券公司举办的网站，各个门户网站如新浪、网易、搜狐的财经专版，财经类网站如东方财富网、和讯财经网、证券之星、金融界等。

了解信息的另一个办法是通过证券营业部，每天早上各个营业部都会把当天重要的信息公布出来，股民到营业部时就可以看到。

炒股还要选择委托方式和手段，例如可以直接到证券营业部进行委托。许多投资者愿意到证券营业部炒股，是因为在那里可以了解到证券各种信息，还能互相交流，证券营业部还会进行培训、举办咨询报告等。没有时间到证券营业部操作的投资者可以选择通过电话进行炒股操作，缺点是在交易最繁忙时有可能打不通电话，贻误战机。使用电脑上网交易速度快，可以看到交易情况，是很好的炒股方式。

目前许多证券营业部都向客户提供手机短信信息服务，主要是市场评论，以及一些相关信息。而直接用手机上网，更成为许多股民的选择。不仅可以浏览最新的信息，掌握股市动态，更可以直接进行股票的买卖。

3. 确定投资方式

股票投资可分为长期、中期、短期。

前面我们已经说过，有的人买了股票以后就把它放置起来，一放几年、十几年，当作一种长期储蓄来对待，这种情况比较少。对更多的人来说，我们可以把长期定为半年、一年，或更长一些的时间，中期定为几周至几个月，短期则是看情况机动灵活而定，也许几天、也许几个小时、也许稍长一些时间。然后根据你本人的时间、精力、意愿等来决定采取哪种方式。

对于初学者来说，长期投资几乎都能赚钱，中期投资也大都能赚钱，短期投资只有少数人能赚钱。所以如果不是打算以此为生的人，以做长、中期为好。或者在对股市有了一定了解以后，用少量的钱做短线，而把主要的力量放在长、中期投资上。

那你会问，既然短期投资赚不了钱，为什么还有那么多人去做呢？原因就在于这样做见效快，一两天之内就可能赚到成千上万元的钱，所以才有这么多人去做，但风险也就随之增大。至于如何做长、中、短期投资，如何选股，在后面还要谈到，这里只是首先建议初入市者以选择长、中期的投资方式为好。

以上讲了心理、资金、信息和方法、确定投资方式四个方面的准备，这几个方面的准备都做了，并且自认为自己适于进入股市，就可以选择时机入市操作了。当然在这之前也可以先做一些模拟，即先在纸面上按某日市价购入一些股票，过一些时候再抛出。这样经过一段时间算总账，看是赔了还是赚了。不过模拟和实际总有一定的差距，正像有的运动员平时成绩很好，但到关键大赛时却败下阵来，主要原因还在于是否有一个良好的心理素质和准确的判断能力，这只有在实践中才能锻炼出来。

第7课

到什么地方买卖股票

我们前面说过，股票不能退回，但是可以转让，可以买卖。已经买到股票的人因为各种原因而打算把股票卖掉，而手中没有股票或还想持有更多股票的人又打算买进股票，这样买卖的双方就需要有一个市场来进行股票的买卖交易，买卖股票的市场就是股市。

据统计，国内的股份制公司有数十万家，其中有一些还发行了股票。虽然这些股票大都是以前在一定范围内或者面向内部职工发行的，有一部分甚至已经在当地市场流通。但是这么多股份制公司中只有 3000 多家公司的股票被批准在上海和深圳的交易所上市交易，它们被称为上市公司。这些公司大多是各行业中的佼佼者。我们平常所说的买卖股票主要就是指的买卖这些公司在上海、深圳两地上市的股票。我们说的股市通常就是指通过上海、深圳两地证券交易所进行股票交易的市场。

当前我国全国性的股票交易场所主要有两个，一个是上海证券交易所，另一个是深圳证券交易所。交易所是负责组织股票交易的非营利机构，各个上市公司在上市前要把自己的股票全部交给交易所代管。交易所在规定的交易时间里进行交易，每天交易所通过计算机把每种股票所有的交易都记载下来，并在交易结束后和各个券商结算。如今交易所的交易都是通过计算机。股民要买卖股票时不能直接去交易所，而要找一个证券公司做代理。目前全国有一百多家券商，在全国各地有上万个营业部。这些证券公司本身也做股票的买卖，同时又接受普通股民的委托，代理他们买卖股票。当我们要买卖股票时，要把我们的委托通过电脑网络或者营业部的服务器终端输送到证券公司的服务器里，再通过通信网络送到上海或者深圳交易所的计算机里面，在那里完成最后的交易。

我们在买卖股票时首先要注意挑选有实力、信誉好、可靠的证券公司做自己的代理。由于代理过程中出现问题，券商和股民发生矛盾的情况虽然不多，但还是时有发生。而由于管理不善导致证券公司倒闭则更会给股民带来意外损失。

选择证券公司还要考虑其佣金高低和服务优劣。虽然交易所规定股票买卖的佣金不超过3‰，但是各个证券公司为了多招揽客户，大都降低了佣金的幅度，特别是对资金数量比较多的客户，更有优惠。所以在开户之前最好问清收取佣金的幅度，并进行比较，然后选择有利的营业部开户。因为佣金的比例虽然不高，但是如果交易次数多了，加起来也就是一个不小的数目。

其次是选择交易和资金托管方式。如果你每天到营业部去做股票买卖的委托，那就要考虑营业部位置的问题，要适于前往。股票交易的时间是每天上午9:15~11:30，下午1:00~3:00，节假日除外。如果你是在其他地方通过电话或者上网交易，营业部位置自然关系不大，要紧的是交易方式是否合适。现在各个营业部都开展了电话和网上交易，这样可以为营业部节省营业面积，交易手续费往往要低一些。

为了吸引更多有实力的客户，各个证券营业部大都为资金较多的人准备了大户室，提供电脑、免费午餐等，在那里可以方便地进行交易，同时了解更多的信息，因此专门从事证券投资的人大都愿意到营业部进行操作。此外各营业部往往还会提供一些优惠条件，例如免费提供股票软件、提供手机短信信息服务、免费举行股票讲座、提供咨询服务等，而对资金较多成交量较大的客户更许诺提供电脑、降低佣金等优惠条件，以吸引股民。你可以根据自己的需要选择合适的营业部作为自己的委托代理。

由于现在证券部已经不再直接管理资金，而是由银行转托管，所以你需要选定一家银行做你的资金托管。证券部会提供他们的合作银行名单，你可以从中选择一家银行做你的代理，在这家银行里开办一个活期存款账户。

　　你在开始买卖股票前，要带上身份证和银行存折到证券营业部去办理开户手续。开户手续分为股票账户开户和资金账户开户两部分。

　　股票账户就是你在上海证券交易所或者深圳证券交易所开的户头，其户头分别与你的身份证号码对应，是唯一的，以后你在上海或者深圳交易所中所买卖的股票都记在这两个户头上。开户时需要交 90 元手续费（上海 40 元，深圳 50 元），然后可以拿到相应的上海证券账户卡和深圳证券账户卡。当然你也可以选择只在一个地方开户，以后就只买卖上海或是深圳的股票。

　　有了股票账户后，还需要在证券公司营业部开一个资金账户，以便进行股票的买卖。该账户上记载着你在这个营业部的资金和所持有的所有股票、基金、权证等各种证券。开办资金账户时需要提供你的股票账户卡和一个银行活期存款账户存折。

　　你在开设资金账户的同时，要对交易方式进行选择。例如：营业部现场交易、电话委托、网上交易、手机交易等，并与营业部签订相应的协议。

　　资金账户开设完成以后，你还需要办理资金第三方存管业务。这包括在证券公司营业部和银行两方面的流程。

　　第一步：你要在证券公司营业部填写并提交资金第三方存管业务三方协议，拿到办理第三方存管账户的文件。

　　第二步：你要到预指定银行柜台提交协议和出示证件（本人身份证原件、本人的银行存折、证券账户卡），经银行审核确认合格后，就可以完成第三方存管业务。

　　这样你只要把资金存入银行，然后就可以通过电话或者互联网将资金在银行和证券部之间进行调拨了。不过由于调拨资金只能在营业部的交易时间进行，而且你卖出股票后要等到第二天才能动用所得的资金，所以如果你需要调用出售该证券部的股票所获取的资金时，要提前做出安排。没有买成股票的资金存放在营业部时也同样享受银行的活期存款利息。

　　现场交易大都由营业部提供操作用的磁卡，需要缴纳磁卡费。在营业部进行交易的好处是可以和周围的投资者进行交流，得到营业部提供的服务和指导，缺点是占用较多的时间，所以大多是老年人选择这种方式。

电话委托要通过固定电话进行，根据电话中的录音提示操作即可。缺点是在股票交易繁忙时可能电话打不进去。

网上交易是最便捷的方式，条件是你有电脑而且很容易上网。通常营业部会提供上网的网址，从网上下载必要的资讯和交易软件，对于有经验的投资者来说是最佳的选择。

许多营业部都已经提供手机交易方式，采用这种方式对手机有一定的要求，而且需要从证券公司获得交易软件。不过对于经常流动在外的投资者来说是一个不错的选择。同时使用手机还可以随时通过上网直接了解股市信息，股市动态，非常方便。

由于上海证券交易所的股票买卖只能在一个证券公司营业部里进行，要注意开户时要办理指定交易，否则还是不能买卖沪市的股票。而深圳证券交易所则没有这种限制，必要时你也可以在不同的证券公司营业部买卖深市的股票。

如果你要把股票交易从一个营业部转移到另一个营业部，对上海交易所来说，只要在原来的营业部撤销指定，再到新的地方指定该营业部为你的指定交易就可以了。而对深圳交易所来说，你如果要把股票从原来的营业部转移到新的地方，则需要办理转托管。办法是你在原来开户的证券营业部填好单子，注明转到哪个证券公司，席位号是多少，由该营业部通知交易所。正常情况下，第二天你就可以在第二个证券营业部买卖你的股票了。

除了正常股票交易之外，有经验的投资者还可能选择进行权证交易、创业板交易、股指期货交易和沪港通交易等。这时需要签署风险揭示书，确认了解业务规则可能产生的风险，并且投资者必须达到进行该交易所需条件的要求，才能进行相关的交易活动。

除了上面所说的 A 股股票买卖的手续之外，股民也可以选择买卖 B 股，也就是用外汇买卖在上海证券交易所和深圳证券交易所上市的上市公司股票。

要投资 B 股，可以按以下程序办理：

（1）选择一家有资格从事 B 股交易业务的证券公司营业部做你的代理；

（2）到相关银行将现汇存款或者外币现钞存款划入你选定的证券营业部的 B 股保证金账户；

（3）持本人身份证、银行出具的进账凭证在证券营业部开立 B 股资金账户；

（4）持本人身份证及复印件、外汇进账凭证及复印件在证券营业部或到其他开户代理机构开立 B 股证券账户。

注意开立 B 股资金账户时的资金至少要有 1000 美元（上交所）或者 7800 港元（深交所）。手续费分别为 19 美元（上交所）和 120 港币（深交所）。

第 8 课

沪深股市简介

初入股市的人往往会感到茫然不知所措，看到股市里 3000 多只股票有时涨，有时跌，令人眼花缭乱。那么我们买股票应该从何处下手呢？是不是要把这 3000 多只股票都搞清楚才行呢？

如果你要把炒股票当成职业来做的话，尽可能地熟悉每一只股票当然有好处，这对抓住机会是很重要的。但是对大多数人来说，并不愿花费太多的精力，或者没有那么多的时间，那么只要重点做一些了解就可以了。下面就对沪深两地的股市做一个简单的介绍。

交易所股票分为 A 股和 B 股，A 股是用人民币发行的股票，B 股则是分别以美元和港币发行的股票。

到 2014 年 11 月 30 日止，上海证券交易所股票共有 1003 只（包括 953 只 A 股和 50 只 B 股），深圳证券交易所股票包括 A 股 1599 只（其中含中小板 728 只、创业板 403 只）和 B 股 50 只。我们平常所说的沪深两地的股市，指的就是这两个交易所内各种证券主要是股票、基金和相关证券的买卖，参与的人最多，影响也最大。

下面介绍一下什么是"中小板"和"创业板"。各国的股票交易所对企业上市都有一定的要求，包括企业的规模、盈利状况、经营时间等，这样有些企业的条件就达不到上市的要求。为了解决小企业融资困难的问题，自 20 世纪 60 年代起，北美和欧洲的国家开始发展创业板市场，对一些高成长性的高科技公司帮助很大。例如微软公司上市的纳斯达克就是一个创业板市场。相对于创业板，把原来的股票市场称为主板市场。

2004 年 5 月，经国务院批准，深圳证券交易所在主板市场内开设中小企业板块，简称中小板，其流通盘在 1 亿股以下，其上市要求和交易规则都与主板有所不同，实际上是一个模拟的创业板市场。2009 年 10 月 30 日，创业板正式在深圳证券交易所上市，上市条件更为宽松。

由于中小板和创业板的上市条件比较宽松，其主要特点是偏向于选择高成长的高科技公司，这些公司上市后大都市盈率较高，炒作程度高，往往风险高而收益也高。特别是创业板风险更大，所以对投资者有一定的要求。包括有两年股龄、提出申请，并向证券公司提供本人身份、财产与收入状况、风险偏好等基本信息，由证券公司对投资者的风险承担能力进行测评后决定是否可以参与创业板投资。

为了交易的方便，每只股票都有一个名称和一个编号。上海发行的股票的名称一般都是和公司名称有关的，大多数以 4 个字命名，也有少数用 3 个字的。前面两个字不少都是地名，像"青岛啤酒"、"四川长虹"，也有的只用公司名，如"招商银行"、"东方航空"；后面两个字有不少是行业，像"济南轻骑"、"洛阳玻璃"。深圳最初发行的股票是用 3 个字加上个 A 或 B 命名，如"深发展 A"、"深万科 B"，借以区别 A 股和 B 股，后来发行的股票也大都改为用 4 个或 3 个字命名了，如"深圳方大"、"张家界"。

股票的编号称作股票代码。上海证券交易所的编号中 6 开头的是 A 股股票，9 开头的是 B 股股票。深圳证券交易所的编号中 000 和 001 开头的是 A 股普通股票、002 开头的是中小盘板块的股票、300 开头的是创业板股票、2 开头的是 B 股股票。其余的交易证券还有基金、权证、债券等。

下面解释一下什么是基金和权证。

"基金"是投资人为了减少风险，将钱集中起来由专家进行管理，选择投资方向，以便取得最大收益而成立的组织。投资领域有房地产、实业、证券等。基金由基金单位组成，基金单位像股票一样也可以在市场流通。不过基金不是企业，各个方面都有些不同。例如，基金没有送红股配股，而是每年把所得的利润都分红给股东。又比如，有的基金有一定的年限，到时就要解散。买卖基金手续费较低，因为国家对基金不征收印花税，所以只要交给券商佣金就可以了。

"权证"是指一种以约定的价格和时间购买或者出售股票的期权。也就是说，投资者只要通过分配或购买得到某个股票的权证之后，就有权在某一特定期间，按照预先规定好的价格买入或者卖出该股票。所以权证的内在价值就是其执行价值与股价之间的差价。例如在某只股票的权证到期后，当时股票的股价为12元，认购权证的执行价为10元，则权证的内在价值就是2元。而如果认购权证的执行价是14元，则其内在价值就是零。但是在权证到期之前，由于对股价的走势存在预期，所以对权证价值的估计也发生变化，股票价格的变动必将反映在权证价格的变动上。而且由于权证的价格总是低于股票，其变化的幅度往往会大于股票。另外，权证的到期时间对其价格也有影响，执行期越近，波动的空间越小。不过由于市场的投机性，往往对一些内在价值明显为零的权证依然有人炒作，而且一天内价格变动很大，这样风险也就很大。所以买卖权证要签署风险揭示书，表明了解权证存在的风险。

股票还可以进行种种划分。这里我们不去说普通股、优先股等股票本身的各种划分方式及其区别，因为我们平常在股市上所见到和能够买卖的都是普通股。我们最常见而实用的对普通股的划分方法，一是按发行股票公司所在的地域分，二是按行业分，三是按公司流通股份的多少分。

按地域分，可以分成本地股和异地股，这里，本地股指上海、深圳当地公司发行的股票。异地股则指上海、深圳以外各地公司发行的股票。异地股又可分为是某个省市发行的股票，如北京股、四川股等，更细的划分还有珠江三角、天津滨海新区、台湾地区海峡西岸等。

按行业分，可以分成工业股、商业股、金融股、房地产股、公用事业、综合类等。再具体则有科技股、网络股、医药股、水泥股等，还有钢铁股、建材股、医药股、网络游戏股等。

人们把相互间有关联的同一类股叫作板块，如北京板块、金融板块、航天军工板块、水泥板块等。

各个公司发行的股票有多有少，而并不是所有这些股票都能上市流通。新股上市时往往有一部分股票在一段时期内不能上市流通。能够上市流通，也就是我们能够在市场上买到的股票称为流通股。而流通股中又分为 A 股、B 股和 H 股等。通常我们更关注的是 A 股流通股。

根据 A 股流通股的多少进行划分：

大盘股：流通股在 50 亿股以上。

中盘股：流通股在 50 亿股以下，1 亿股以上。

小盘股：流通股在 1 亿股以下。

不过这只是大概的划分，并不十分严格。

其他的划分方法还有许多，如按上市时间的早晚可以划分出新股、次新股；按业绩的好坏可以划分出绩优股、绩差股、成长股、垃圾股等；按市场表现可以划分出热门股、冷门股、领涨股、超跌股等；按所有制可以划分出国企股、民营企业股、合资企业股等。

还有一类股票是我们在股市中经常会遇到的，这就是被特殊处理的股票。根据证监会的规定，当一个公司在连续两年亏损或者净资产低于股票面值（人民币 1 元）的时候，就要被挂牌进行"特殊处理"，在股票名称的前面加上"ST"（Special Treatment）字样，例如"ST 渝太白"。被实行特殊处理的股票，每天的涨跌幅都不得超过 5%。到第二年，还要在 ST 前面加上"*"，提示风险更大了。

初入股市的人，可以先让别人介绍几只股票，或者从报纸、电视、广播中了解一些股票，我们不但要记住这些股票的名称，而且应该知道它们公司位于哪个省市，分属什么行业，流通股有多少等。这样时间长了，你就可以做到心中有数，不再对股票感到陌生了。

但是股票的数目不断在增加，而我们的精力有限，资金也有限，所以也不必对股票全都了解。一般来说，我们只需对要买卖的股票重点了解也就可以了。

第 9 课

股 指 期 货

　　股票指数期货，简称"股指期货"，是一种金融期货，它并不在股票交易所交易，而是在上海金融交易所上市交易，但是对股票市场有一定的影响，所以我们在这里做一个简单的介绍。

　　先来说什么是期货。与我们通常一手交钱，一手交货的交易不同，期货市场上交易的是未来成交的标的物，有各种标的物，例如某种商品如原油、小麦、大豆等，也可以是某个金融工具、金融指标例如外汇、利率、股票指数等。因为只是一种合约交易，是一种对未来的约定，所以只要交一些定金就可以了。

　　期货合约，是一种由期货交易所统一规定的在将来某一指定时间和地点交割一定数量标的物的标准化合约。股指期货交易的是一定期限以后的股票价格水平，具体来说就是到期那天股票指数的高度。交易者预期未来股票指数的高度是比现在高或者低，从而选择买入或者是卖出。根据预测的对错而决定盈亏。

　　国内股指期货目前交易的是沪深 300 指数合约，该指数以 2004 年 12 月 31 日为基日，基日点位 1000 点，由规模大、流动性好的 300 只股票组成。沪深 300 指数样本覆盖了沪深市场六成左右的市值。股指期货合约的价值按照每点 300 元计算，也就是说，一张股指期货合约的价值为：沪深 300 指数 ×300 元。假如当月沪深 300 指数是 2500 点，那么一张股指期货合约的价值就是 2500×300 元 ＝750000 元。交易时不必交纳合约的全额，只要交纳一定比例的保证金。中国金融期货交易所规定股指期货近月合约保证金为 15％，远月合约保证金为 18％。这样对上面那张合约，交易者买卖时就只需提供 112500 元的保证金就可以了。

沪深 300 指数的期货合约同时挂牌 4 个月，也就是当月、下月及随后两个连续季度的最后一个月的合约。合约到期日是到期月份的第三个星期五。

每天交易结束后要按照账面对合约进行结算，如果账面盈利可以提走，但账面亏损必须在第二天开盘前补足，称作追加保证金。如果保证金不足而且未在规定时间内补足，交易所为了防止风险进一步扩大，将对其持有的未平仓合约强行平仓，也就是对你的合约进行买入或卖出的反向操作。

股指期货的最大特点是可以卖空，也就是说先卖出合约，等股指下跌后再买回，同样可以盈利。

股指期货有三个作用：

首先，套期保值。通常股票只能通过做多盈利，而股指期货可以通过做空盈利，投资者可以在买入股票的同时卖出股票期货，从而避免股票下跌的风险。

其次，进行套利。也就是当股指和股指期货之间出现偏差时，通过买入股指期货标的指数成份股并同时卖出股指期货，或者反之，从中盈利。

最后，用于投机。因为有保证金的杠杆作用，如果股指期货上涨 5%，投资者看对方向时就可以获利 30% 以上；当然如果方向看反也要亏损 30% 以上。

由于股指期货的投机性强，风险大，所以中金所要求参与者除提供 50 万元以上保证金之外，还要具备股指期货的基础知识，通过相关测试。建议初学者在对股市熟悉之后再从事股指期货交易，以免遭受不必要的损失。

同时由于股指期货的参与者大都是机构，他们往往会在股市中通过对足以影响沪深 300 指数的股票进行操作，借以在股指期货市场中获利，所以特别是在股指期货交割的当天，股票指数往往会有较大的波动。股市投资者应密切关注沪深 300 指数的变化，对手中的股票进行操作，以避免不必要的损失。

第 **10** 课

怎样看懂股市的大盘

　　我们要了解股市当前的状况，最主要的方法就是看股市的大盘。过去我们要到各个证券公司里，才能看到显示股价动态的大屏幕。如今大家有了电脑，通过软件也可以直接看到股市动态。其结构虽然各不相同，但主要内容都差不多，平常我们称为大盘。有时我们把整个股市总的行情也称为大盘，而把当前申请买股票的总数和卖股票的总数分别叫作买盘和卖盘，而股票一天买卖的开始和结束则分别称为开盘和收盘。在大盘上面显示的主要有股票代码、股票名称、前收盘价、今开盘价、最高价、最低价、最新价、买入价、卖出价、现手、总手、总额、涨跌等，如图 1 所示。

股票名称	成交价	涨跌	总手	现手	最高价	最低价	买入价	卖出价	涨跌幅%	今开盘	代码	昨收盘	总金额
平安银行	1230	▲011	939470	535	1236	1208	1229	1230	0.90	1214	000001	1219	114599
万 科A■	1066	▲002	546297	1250	1070	1046	1065	1066	0.19	1054	000002	1064	57770
国农科技	2153	▲031	12281	6	2166	2111	2153	2156	1.46	2116	000004	2122	2634
世纪星源■	392	▲001	64394	37	395	391	392	393	0.26	392	000005	391	2531
深振业A	674	▲004	154986	1	676	659	672	674	0.60	668	000006	670	10377
零七股份	1612	▲004	10086	10	1623	1592	1611	1612	0.25	1604	000007	1608	1626
宝利来	2340	▲012	18177	1	2368	2277	2340	2345	0.52	2357	000008	2328	4191
中国宝安	1309	▲009	130200	6	1312	1295	1308	1309	0.69	1300	000009	1300	16965
深华新	757	▲010	26595	9	762	744	755	757	1.34	748	000010	747	2005
深物业A	936	▲004	26203	30	940	926	936	937	0.43	926	000011	932	2450

图 1　股市中的大盘

　　下面解释一下这些名词的含义。

　　昨收盘：是前一天最后一批交易的成交价格。

　　今开盘：是今天第一笔交易的成交价格。

　　最高价、最低价：分别是今天开盘以来有过的最高和最低的成交价格。

成交价：是最新成交的一笔交易的成交价格。

买入价：是当前愿意买入的人出的最高价格。

卖出价：是当前愿意卖出的人出的最低价格。

现手：是最新成交的这一笔交易的交易量的大小。股票交易的最小单位是手，1 手是 100 股。衡量交易量的大小时常用手数代替股数。

总手：是今天开盘以来该股交易的所有手数之和。

总金额：是今天开盘以来该股所有交易金额之和。

涨跌（价）：现价与昨天收盘价之差。

涨跌幅：涨跌价与昨天收盘价之比。

各个电脑软件里的显示屏幕通常都用红色表示涨、绿色表示跌，这里的涨和跌都是和前一天的收盘价相比较而言的。

在大盘上面除了各股的行情之外，还有几个数字：上证指数（深证指数）、指数涨跌 + －、成交量、成交额，当然还会有时间的显示。

下面先讲一下什么是上证指数。为了考察股市股价高低的变化，各国都有不同的股市指数，如美国的道琼斯指数、我国香港的恒生指数等。上证指数是以 1990 年 12 月 19 日上海股市上所有股票为样本，以发行量为权数，加权平均编制所得的指数。即以该基准日的所有各种股票的价格分别乘上各股的总股数相加以后再求其平均数，并以该平均价为 100 点，以后同样计算出每天的平均价格后，除以基准日的平均价就得到每天的指数。它是衡量股市价格高低的最重要的一个指标。但这并不是说，指数上涨，所有股票的价格也会跟着一同上涨。经常是指数上涨时某些股票的价格上涨，而另一些股票的价格反而下跌。所以我们不仅仅要看指数的高低，更要看具体每只股票的价格。上证指数中最常用也最重要的是综合指数，它是把 A 股和 B 股综合起来计算出的指数。一般我们在报纸、杂志、广播中看到、听到的都是综合指数。

除了综合指数之外，还有 A 股指数和 B 股指数以及各种分类指数，如工业股指数、商业股指数等，从中可以看到不同行业的股票涨跌情况。

深证指数也有好几种，其中最常用的一个是综合指数，另一个是成份指数。综合指数的编制方法和上证指数差不多，只不过基准日期是 1991 年 4 月 5 日。深圳的成份指数比上证 300 指数推出还要早得多，它是从全部上市公司中取有代表性的 40 家公司作为样本，取其流通股份加权进行计算得出的，基期是 1994 年 7 月 20 日，基日指数是 1000 点。

指数后面的"指数涨跌 + −"是以前一天的收盘价指数为基数，今天涨跌的百分数。说明今天的股价指数和昨天相比是涨了还是跌了。

总成交量的单位如果是手，换成股数时就要乘上 100。如 2792485 手就是 279248500 股。是把股市上所有成交的股票数量加在一起得出来的。

总成交额的单位通常是万元，所以 35000 万元就是 3.5 亿元。它是股市上所有成交股票的总金额。

看懂这个大盘，我们就可以了解股票的价格，也才可能进行股票的买卖。

第 **11** 课

股票是怎样买卖的（上）

现在各种股票交易操作软件各不相同，但一般都具有买卖股票、查询行情、查询资金、查询成交情况、撤单等功能。下面我们举一个例子，来看一下它的操作方法。

例如，假定你打算买 1000 股 "武钢股份" 的股票，前提自然是你已经办好了一切所需的手续，而且在你的资金账号上还有足够的钱。

我们在股票交易软件中选择 "买入"，并在证券代码处输入股票代码 600005，屏幕上就会有显示，如图 2 所示。

你只要把打算买入股票的价格和股数（注意：一定要是 100 股的整数倍）输入进去就可以了，然后点击 "买入"，电脑会再问你一次，如图 3 所示。

你仔细核对一下买入股票的名称和价格，然后点击 "确定"，委托合同就算成功了。

卖股票时的操作和上面所说的大体相同，只是要注意，卖出的股票的种类和数量都必须对，你账户上没有的股票当然不能卖，当天刚买入的股票也不能卖，数量也不能超出你原有的股数。所以你在敲确认键之前，最好再仔细检查一遍，以免出错，重新输入要耽误时间。尤其如果把买卖搞反了，买股票做成卖股票或者卖股票做成买股票，就更会酿成大错。

至于这个合同是否能够成交，则要看你的运气了。可能你的合同很快就能成交，也可能一天下来你的合同还是不能成交，这个合同就作废了。假如你还想买或卖该种股票，就要在第二天重新委托，再做一份合同了。价格、数量自然都可以重新选择。

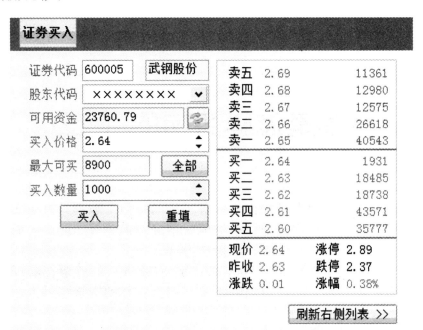

图2　买入股票

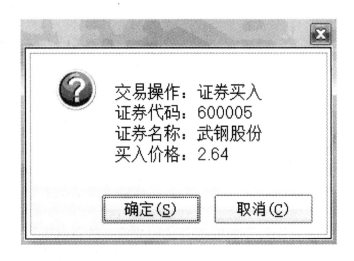

图3　确认股票买入

买卖股票中还有一些技巧，对于初学者来说也是很重要的。许多人往往因为操作失误而造成很大的遗憾。所以我们进入股市时一定要从一开始就搞清楚股票交易的全过程，才能在碰到机会时抓住不放。

买股票和我们到商店里或者到自由市场上去买东西是完全不一样的。在商店里我们按照标出的价格付钱，在自由市场上我们要讨价还价。而在股票市场上每时每刻可能就有很多人出不同的价钱买和卖不同数量的同一种股票，那么这个买卖怎么完成呢？这就要靠计算机来帮忙了。在上海交易所和深圳交易所里都有大型计算机，它们分别同时将全国各地传来的所有关于买卖股票的信息收集到一起，每一种股票分别放置。在处理同时买卖同一种股票的信息时有三条原则，就是价格优先、时间优先和数量优先。价格优先是说在买的一方谁出的价格高就先卖给谁；在卖的一方谁出的价格低就先让谁卖掉。时间优先是说在同时买或同时卖的时候，在出的价格高低又一样的情况下，谁先来就让谁先买（卖）。就买卖双方来说，买方出价在前，就按买方的价格成交；卖方出价在前，就按卖方的价格成交。数量优先则是说在价格、时间又都一样的情况下，就要看买卖数量的大小了，谁买（卖）的量大，就让谁先成交。

让我们来看一个例子。假如我们想买中国国航股票，它最近的成交价是 4.80 元，现在最高买价是 4.79 元，最低卖价是 4.80 元，所以它们不能成交。如果你想买入，只要打入买价在 4.80 元或高出 4.80 元就有可能成交了。但是因为你输入的信号要经过证券公司的网络，再传到上海交易所的计算机里面，这样总需要一定的时间。如果在信息传送的这段时间里，已经有人把这 4.80 元的股票都买走了，而又没有新来的人愿意以等于或低于 4.80 元的价格卖出，你就买不成了。直到成交价重新降到 4.80 元，你才有可能买到 4.80 元的股票。这样如果价格在不断地上升，你就会买不到了。所以为了保险起见，在买入时最好多打入一两分钱，给出一些提前量，例如打入 4.81 元或者 4.82 元，在价格上升较快时甚至还要更多些，才能保证按照你所选定的价格买到股票。

那么打多了，是不是就要多付钱呢？比如说如果打入了4.90 元，是不是就要按4.90 元成交呢？

也不一定。因为股票成交时和买东西不一样，不是谈好价钱再买，而是只要对方提出的条件能被接受就行，所以这就要看是谁先提出条件了。假如是卖的人先提出高于或者等于4.80 元他就可以卖，随后你又提出低于或者等于4.90 元你就可以买。这时因为卖方在前，所以就按卖价4.80 元成交了。反过来，如果你先提出条件，买价在前，那么就按买价4.90 元成交了。

当然实际上因为买卖的人很多，计算机处理的过程比这还要复杂得多。它要将接收到的买卖信号全部放入计算机内，每20笔或者15 秒钟成交一次，这样出来的价格就不一定是你刚才输入的价格了。它可能是在4.90 元和4.80 元之间的某一个价格。不过总归如果你真想买入某一种股票，最好适当给出一些提前量，以加人保险程度。当然你也要考虑能忍受的程度，不要随便加得太多了。卖的时候也是一样，在价格平稳时可以适当打低一两分钱，变化快时则要打低一两角钱甚至更多，以便容易成交。因为在高潮时成交量很大，价格变化也快，可能你刚打完，价格就又变了。而且因为这时要买卖的人多，传输信息需要的时间也长，而证券公司和交易所之间的通道有限，要处理的信息量大，自然不像平时那么通畅了。所以有时虽然你给出的价位比大盘上显示的价位高，结果还是买不到。

有时不能按我们理想的价格买到或卖出股票，除了信息传输需要时间这一点之外，还有一个重要的原因，就是成交量的影响。

买卖股票的人可以看作是排成两队等候的人，但是这两支队伍并不只是遵循通常排队时的先来后到那样简单的排法，而是我们前面介绍过的三条原则：价格优先、时间优先和数量优先。这样，这个队伍就不断有人插队进来。当买卖股票的人不太多时，就好像买卖股票两边的人都差不多，都在耐心地等待轮到自己。而当买卖股票出现高潮的时候，常常是一边人多，一边人少。比如在买股票时，如果大家都想买，于是买股票的人排起了大队，而卖股票的人却寥寥无几。在买股票这一边，如果有人这时出的价高、量又大，因而就好像排队时他插在了最前面，而这时本来便宜的股票就不多，结果一下子就让他全都给买走了。因为这些股票的成交价并不一样，所以我们在显示屏上虽然看到股票的价格在往上走，而实际上这些股票的成交量并不大，只能满足那些出了最高价钱的人的需要，即使你出的价格比市场成交价高，却仍然有可能买不到股票。卖股票时也一样，虽然你看到有人以比你给出的价格还要高的价格在卖出股票，而你仍然卖不掉。

那么怎样才能在排队时挤到最前面去呢？这就是在当你特别想买或卖某一种股票时，可以用市场价成交。就是说，在委托时，你要求无论当时的市场价是多少，均按其成交。我们可以看到，在股票操作一栏里有"市价买入"和"市价卖出"的指令。使用这个指令，一般来说可以确保我们买卖的要求能够实现。但这里面暗藏着很大的危险，尤其当买入或卖出的量比较大时，有可能买到很贵的股票或将股票只卖到很低的价格，甚至与当时的市场价相比有极大的差价。所以对我们普通股民来说，没有必要用这种方法，只要给出比当时市场价高或低出足够大的差价，也就多半能确保你能买到或卖出这种股票了。

还有的时候你不想按现在的市场价格买卖股票，而是估计它还会涨或者跌，这时你也可以把你估计的价格输入计算机，这样当股票的价格涨到或者跌到你预先输入进去的价格时，就会自动成交了，这叫作买单。因为尤其在股价变化较快时，有时你看到屏幕上显示出来的价格再往计算机里输入，已经来不及了。也有的时候是从收益考虑，低到一定的价格买入才合算，或是高到一定的价格卖出才值得。只不过这样做就要求你对股价有比较深入的了解，能估计出它的价格。而且你要做好准备，即使不能成交也没有关系。

那么早晨交易所刚上班时机器还未打开，谁的时间优先呢？是不是哪个证券公司的线路先开通就排在前面呢？

当然不是。早晨计算机撮合时的工作方法和平时不一样。平常叫作连续竞价，而早晨第一次实行的是集合竞价。自 2006 年 7 月 1 日起，沪深股市开始实行开放式集合竞价，也就是说，在 9：15～9：25 这段时间里，我们可以在电脑屏幕上看到买卖双方撮合后的价格和数量，服务器根据在哪个价位上可以得到最大成交量的原则来定出集合竞价的价位，所以屏幕上显示的价位就是当时成交量最大的价位，但是并不成交。直到9：25，成交价才最后敲定，即当天的开盘价。根据计算机撮合方法的原理，凡是高于开盘价的买入委托和低于开盘价的卖出委托都可以成交。这样，如果我们要参加集合竞价，就可以一方面根据前一天的收盘价和对当日股市发展的预期，另一方面参考当时集合竞价撮合报价的变化来决定自己的输入价格。

9：25后我们就可以在屏幕上看到各种股票集合竞价成交的价格和数量。有时候有些股票因为所有买入人给出的价格都低于卖出人给出的价格，结果无法成交，集合竞价时该公司成交价这一栏就是空的。也有时有的股票因为公司要发布消息、召开股东大会或者其他原因要停牌，也就是说要停止交易一段时间，集合竞价时该公司股票成交价一栏也是空的。

因为集合竞价是按最大成交量来成交的，对于普通股民来说，在参加买股票的集合竞价时，只要打入的价格高出实际的成交价就可以买到该股。所以有的人就打得很高，例如估计成交价在5元左右的股票，他可以打入5.50元，以便保证能成交。这样做一般并没有什么危险。因为普通人买入的股票数量不大时，不会影响到该股集合竞价的价格。只不过你得保证你的账户上有足够多的资金，而且成交后你用来购买该股票的剩余资金就被锁定了，当日不能再动用。卖出时也是一样，估计5.50元左右成交的股票，即使你输入5元也没有关系，除非这一天有人故意压低价格大量抛售。

从9：30开始，就是连续竞价了。计算机是根据前面说的价格优先、时间优先和数量优先的原则来进行撮合的。但是如果某个公司上午停牌，那么上午你就不能输入该公司买卖股票的信息，输入了也无效。而要到12：55开始输入才会有效。

如果在合同单已经生效以后又发现有错误，或者看到行情有变化，又改变主意了，这时你可以通过撤单来进行撤销。

这个撤销过程可以用操作系统里的撤单指令来完成。你在交易菜单中选择"撤单"指令后，屏幕上就会显示出当天你委托过的所有合同的编号，这时你可以选择你要求撤单的合同编号，通过证券公司的通信网络和交易所的计算机来进行撤单操作。如果这时你的合同还没成交，这个合同就作废了。这个信息传回你那里，你就知道你撤单成功了。而如果在完成撤单之前，你的合同已经成交，那就撤不掉了。

当我们的资金不是十分充裕的时候特别有可能需要撤单。因为当我们和证券公司做成一份买入股票的委托合同后，证券公司就要按照规定好的价格去购买该股票，所以这部分资金当天就必须锁定在该用途上，而不管最终是否能够成交。即使没有成交，也只有到当天收市之后，该合同自动作废以后，这部分资金才能解冻出来。在股市行情发生较大波动的时候，因为股价上升较快，你原来打入的价格已经大大低于现在的成交价，估计不可能再成交了。如果这时你认为股票的价格还会上涨，而且仍然想买到该股票的话，为了动用你被冻结的那部分资金，就必须先通过撤单取消前面那份合同。当撤单完成全部程序，这笔资金又回到你的资金账户上之后，你才能再用这笔钱进行下一个委托。而当交易繁忙时，撤单有可能会进行得很慢，甚至停止，因为买卖委托是优先于撤单的。所以你在下单之前应尽量考虑好，尽可能不要撤单。卖股票时也是同样的，当我们和证券公司做成一份卖出股票的委托合同后，证券公司就要按照规定好的价格去卖出该股票，所以这部分股票当天也必须锁定，不管最终是否能够成交。只有到成交完成或者收市之后该合同自动作废以后，这部分股票才能解冻出来。如果股价下跌较快，你发现按原来输入的价格已经不可能卖掉该股票了，这时你也同样必须先通过撤单撤销该合同，才能再按新的价格重新委托。

买卖股票的时候，还要交一定的手续费。当每一笔股票买卖成交时，买卖双方都要交等于或者低于成交额 0.3% 的佣金给证券公司和交易所（网上交易的佣金较低，通常为 0.15%），0.1% 的印花税给国家（各个证券公司的佣金标准并不相同，根据交易金额大小也可能不同，证券公司往往以此来招揽投资客户）。上海交易所每股股票还要交 0.1 分钱的过户费（按规定是股票面值的 0.1%，因为当前我们国家股票的面值都是 1 元，所以也就是0.1分），如果佣金不足5元时也按5元计算。……所以如果刚才那1000股中国国航按4.80元成交了，那么你一共要交：

$$4.80 \times 1000 = 4800.00 （股金）$$
$$4.80 \times 1000 \times 0.003 = 14.40 （佣金）$$
$$4.80 \times 1000 \times 0.001 = 4.80 （印花税）$$
$$0.001 \times 1000 = 1.00 （过户费）$$

共计	4820.20 元

股票成交后，你可以立刻在电脑屏幕上看到结果。也可能出现部分成交的情况，例如你委托买入500股，但实际上只买到300股。

那么你买了股票以后，什么时候可以再卖出呢？是不是你现在用4.80元买进的股票，过一会儿涨到5元多时你就可以把它卖掉呢？

不是的。以前上海证券交易所是实行过那种人们称之为T+0的办法，就是说，买进股票后当天就又可以卖出。但现在已经改为T+1，这里"T"是英文里的"TIME"，也就是买卖股票的时间。就是说，在买入股票后不能马上卖出，而要过一天，即买入的第二天才能卖出。所以在买股票前一定要考虑好，争取买个较好的价钱，不然也许你刚买完股价就跌下来，再后悔就来不及了。

而卖股票时收回的资金不用等到第二天就可以使用，只要你的股票成交了，信息传回证券公司，钱就会自动上到你的资金账户上，你就可以用它进行下一次买入了。

股票软件上随时都会显示你所拥有股票的信息。包括证券数量：即在你账上所拥有全部股票的数量，包括你当天刚买入的股票；库存数量：即你在今天以前买入，到现在还在你名下拥有的股票；可卖数量：指你在今天以前买入，还没有对其发出卖出指令的股票。

软件还会给出你所购买股票的参考成本和当前价位，以及参考浮动盈亏、盈亏比例等。表明你买入该种股票后是赔了还是赚了。不过由于各个证券公司收的佣金标准不一样，所以软件给出的价位只能做个参考。准确的数字要等到收盘后，证券公司与交易所进行过结算才能最后敲定，不过相差一般不会太大。

我们也可以通过股票软件随时查到当天以及以往做出的股票委托及成交情况，以及资金账户中的资金余额等。

第 12 课

股票是怎样买卖的（下）

前面我们讲了怎样在证券公司的营业部里买卖已经上市的股票，下面我们再讲一下怎样购买还没有上市的股票，也就是通常所说的原始股。

公司卖股票和我们买股票一样，并不能直接到交易所里去卖，而是要委托一个证券商做它的代理。这时公司除了要做好上市的各种准备，包括对公司的财产进行评估，以便作价入股等之外，它还要和券商一起，准备好"招股意向书"，里面要介绍公司各方面的情况，包括公司的概况、公司的股本结构、经营状况、股票的发行量、股票发行的办法等，并要说明发行股票集资用途及预期效果。

然后经过向机构投资人初步询价，确定价格区间和累计投标新价确定发行价两个阶段，确定新股的发行价。

新股中一部分要配售给询价的机构，其余部分向二级市场投资者配售。

目前在二级市场上投资者参与申购新股，是根据投资者持有的股票市值来确定其可申购额度的。持有市值 1 万元以上（含 1 万元）的投资者才能参与新股申购，沪市每 1 万元市值可申购一个申购单位，不足 1 万元的部分不计入申购额度。深市每 5000 元市值可申购一个申购单位，不足 5000 元的部分不计入申购额度。

申购委托前，投资者应把申购款全额存入其在证券公司开立的资金账户上。申购时间内，投资者按委托买入股票的方式，以发行价格填写委托单。一经申报，不得撤单。申购配号根据实际有效申购进行，每一个有效申购单位配一个号，对所有有效申购单位按时间顺序连续配号。

目前沪深股市申购新股的流程如下：

（1）投资者申购（申购新股当天）：投资者在申购时间内备足申购款，通过证券账户进行新股申购委托。方法和二级市场上购买股票的方法基本相同。要在申购时输入要购买股票的申购代码、数量、价格。沪市规定申购单位为 1000 股，每一账户申购数量不少于 1000 股，超过 1000 股的必须是 1000 股的整数倍；深市规定申购单位为 500 股，每一账户申购数量不少于 500 股，超过 500 股的必须是 500 股的整数倍。每一个有效申购单位对应一个配号。超过可申购额度都是废单。如果多次委托仅第一笔委托是有效的。沪市申购时间为 T 日 9：30 ~ 11：30；13：00 ~ 15：00；深市申购时间为 T 日 9：15 ~ 11：30；13：00 ~ 15：00。通常每只新股还会公布一个申购数量上限，不过普通投资者大都资金不多，所以一般来说关系不大。

（2）资金冻结、验资及配号（申购后第一天）：由中国结算公司将申购资金冻结。交易所将根据最终的有效申购总量，按每 1000 股（深圳 500 股）配一个号的规则，由交易主机自动对有效申购进行统一连续配号。投资者根据申购数量得到配号，配号方法是只公布投资者所得到的配号的第一个，按照申购数量，同时得到随后的若干个配号。例如某个投资者申购了 4000 股，公布的该投资者得到的沪市配号是 455556786，则其同时拥有了后面的 3 个配号即 455556787、455556788 和 455556789。申购的数量越多，中签的可能性当然就越大。

（4）摇号抽签（申购后第二天）：公布中签率，并根据总配号量和中签率组织摇号抽签，于次日公布中签结果。例如发行 5000 万股，实际申购数量为 200 亿股，则中签率为 5000 ÷ 2000000 = 0.25%。也就是每 400 个配号中有一个号可以中签。

（5）公布中签号、资金解冻（申购后第三天）：划走中签部分的资金，并在账户中记入中签股票的数量。同时对未中签部分的申购款予以解冻。投资者直接在自己的账户中就可以查询到中签情况，没有中签的资金自动回到账户中。

股票认购完成后，就要再选定一个日期上市，可能与申购日期相隔半个月，也可能相隔更长一些时间。这时公司还将发布一次"上市公告书"，其内容和招股说明书接近。上市以后普通公众购买的股票就可以直接在股市上买卖了，而基金购买的股票要在 3 个月以后才能上市，法人购买的股票则要等到 6 个月以后才能上市。

申请购买原始股的人常常很多，认购股数超过发行股数很多倍，这是因为原始股的股价往往是最低的，上市以后一般来说股价要比原始股的价格高才会有人肯卖出。所以，购买原始股在大多数情况下都是能够赚到钱的。

但是，新股申购也并非没有风险，特别是在股市低迷的时候。2004 年上市的"苏泊尔"股票，上市第一天就跌破了发行价，购买该股票的所有投资者都遭受了损失。所以在申购新股时必须更加注重对股票内在价值的分析，选择那些真正有价值的股票。特别是以后股市将逐渐向注册制过渡。也就是说，只要达到上市条件的公司都可以要求上市，由市场来决定股票是否能发行、发行价是多少，以及发行多少股票等。投资者就必须对发行股票的公司有更深入的了解，而不可能是随便买什么新股都赚钱了。

有时，为了投资新的项目或者收购兼并其他公司需要资金，已经上市的公司也会发行新股，这可以分成两种情况：增发新股和配股。

增发新股有各种方式，有向老股东定向增发的，有只向机构投资者认购的，也有和普通发新股差不多的。定价方式也各不相同，有时定价过高，发行后很快就跌破增发价。投资者需要多加了解，不宜盲目从事。

配股是上市公司将购买新股的权利给予原有的股东，配股价一般都要比市场价低不少。配股时，先规定某一天为股权登记日，凡是在这一天闭市后，手中仍持有该股票的人就有权参加配股。即使第二天你就把该股票卖掉，你也仍然享有该股票的配股权。只要在规定的配股日期内（通常是 30 天），像买股票一样进行委托交易，在计算机交易软件中输入股票代码、价格、股

数，或者通过电话委托、终端交易等买入配股，如果你的账户上
有足够的资金，那么就可以成交了。

要注意的是，配股的数量是以你在股权登记日当天所持该股
的股数为依据的。你应该根据你允许配股的数量、配股价格的高
低以及你手中是否有足够多的资金来决定准备配股的数量。假如
登记日当天你持有 1000 股该股的股票，配股权是 10 配 3，那么
你最多可以配 300 股，你也可以选择只配股 100 股或 200 股，甚
至放弃配股权。

不过由于配股后整体股价将随之下跌，所以如果放弃配股权
就等于白白损失了这一部分权益。有些股民购买了股票后长期不
闻不问，配股时也不参与，是很不合算的。

第 13 课

股市怎样运作

这里要介绍股市的基本运作情况，同时也介绍一些股市上最常用的专业词语，只有搞清这些词语的含义，才能听懂和看懂股市的评论文章，才能进一步学习股市的有关理论。而只有了解股市的基本运作情况，才能在股市中明辨是非、分清真假，掌握制胜的要领。

股市和任何其他市场一样，是由买卖双方构成的，有的人想买，有的人想卖，这样就有可能达成交易，才能称其为市场。和其他市场不同的是，在这个市场上同一个人往往又买又卖，每一个手持现金和股票的人，只是因为对后市的发展看法不同，才有时买入股票，有时卖出股票。为了要说明是买入股票的人多，还是卖出股票的人多，就对这两种人加以区别，分别称之为多头和空头，或者叫好友和淡友。

多头（好友）：指看好后市的人，他们现在买入股票以待日后股价上涨时抛出。

空头（淡友）：指看坏（淡）后市的人，他们现在售出股票以待日后股价下跌时再行买入。

我们把对之有利和不利的消息分别称之为利多和利空：

利多（利好）：指对多头有利，刺激股价上涨的消息。

利空：指对空头有利，刺激股价下跌的消息。

股市就是多头和空头这两种人斗争的结果。如果在一段时间内，多头占了上风，就是说，看好后市的人多，于是买入股票的人多，而卖出的人少，股价就逐步上升了。但多头和空头并不是一成不变的，随着股价的上升和下降，空头也会变成多头，多头

— 50 —

也会变成空头。在大多数情况下，在股市下跌到一定阶段以后，看坏后市的人又逐渐减少，而看好后市的人逐渐增加，于是股市从下跌变为上涨，多头慢慢占据了上风。直到股价涨到某一个位置后，大多数人都已经获利，这时股市突然出现下跌，人们争相卖出自己的股票，我们就说空头占了上风。随着股价的降低，空头又开始慢慢变成多头，也就是说，看好后市的人又逐渐增加，而看坏后市的人又逐渐减少，直到股价跌到某一个位置，大多数人都认为股价不会再下降了，他们准备买入股票，股价逐步上升，也就是说多头又重新占上风了，这样就完成了股市的一个循环。

我们把股市中的上升阶段和下降阶段分别叫作牛市和熊市：

牛市：指股票市场前景看好，股价节节上升，像牛抬着头向前冲顶。也叫多头市场。

熊市：指股票市场前景暗淡，股价不断向下跌，像熊低头慢慢向前走。也叫空头市场。

当然这里牛市和熊市都是就一个比较长的时期来说的，至少也要有几个月的时间，主要是用来描述一种长期趋势。

而在股价上升的牛市中，特别是上升了一段时间后，也同样可能有股票的短期下跌，人们称之为回档；而在股票下跌的熊市中，经过一段下跌之后，也可能有股票的短期上升，人们称之为反弹。

如果在长期牛市或者长期熊市之后，这种回档或者反弹达到一定的强度，使得股价从多头转入空头市场或者空头转入多头市场，人们就称之为反转。

也有时，股价在一个比较长的时间内趋势不明显，看不出股价是要往上走还是往下走，而是停在某个小区间内上下波动，人们管这种时候叫作盘整（横盘）。一旦股价从盘整转入多头或空头市场，就称之为突破。

当多空双方分歧大时，成交的数量就大，说明斗争激烈。多方力量大，股价上升就快，空方力量大，股价下降就快。在股市上人们常用一些形象化的语言来称呼买卖股票：

吸货：指买入股票。

出货：指卖出股票。

建仓：指买入股票。

仓位：指所持股票占所有资金和股票的比例。

持仓：指手持股票不买也不卖，待机行事。

轻仓：指资金和股票总额中股票占较少部分，大部分为现金。

重仓：指资金和股票总额中股票占较大部分，小部分为现金。

空仓：指将股票全部抛出后只持有现金。

满仓：指将手中的现金全部买成股票。

平仓：指将持有的股票抛出。

斩仓：指将股票赔本卖出。

人们用人气这个词来形容股票市场的兴旺程度，我们可以把它理解为有意参与买卖股票的人的多少以及买进股票的意愿强烈与否。

股市的每一次较大幅度或较长时间的升跌之后，随之而来的是它的反向运行。也就是说，原来上涨的股市要下跌，而原来下跌的股市要上涨。或者整个股市的变化虽然不大，但某一只股票也会从原来股价上升变为股价下跌，或者从股价下跌变为股价上升。这样每一次当股价从最高点向下落时，都会有人手持股票而无法以原价或比原价高的价格卖出；而当股价从最低点向上涨时，也会有人手持资金而无法买到价格较低的股票。我们把前面一种现象称为套牢，后面这种现象称为踏空：

套牢：指买入股票后股价下跌，如卖出将会赔本，这时持股人便不愿认赔卖出，而是持股等候股价再次上升。

踏空：指由于股价上扬而使持币者未能买到低价股票。有时也称资金在手而未能买到低价的股票为空头套牢或资金套牢，而把前一种套牢称为多头套牢或股票套牢。

解套：股价回升而使被套牢的人能将股票不赔本卖出。

股市虽说也是一种市场行为，股价的高低反映了供求关系，当供大于求时股价就下跌，反之就上升。但是它又有着极强的人为色彩，这是因为股市上存在着不同的客户，而每个客户又同时进行买卖两种行为，所以这个市场上的供求关系中常常有着很大的虚假因素。为了说清楚这个问题，我们要把股民进行区分：

散户：资金少，小量买卖股票的普通投资者。

大户：手中有较大量资金，对股市大量投资，大批买卖股票的投资者。

机构：从事股票交易的法人如证券公司、保险公司之类。

庄家：指有强大实力，能通过大量买卖某种股票而影响其价格的大户。

主力：指有极强实力，能通过大量买卖股票而影响整个股市的股价的特大户。但实际上主力往往是若干庄家的联合行动，由其合力造成对市场的影响。

我们也可以简单地把股市上的各种力量理解为两方：一方是企图操纵股市波动方向的庄家或主力，常常由某些机构组成；另一方则是跟风的普通股民。庄家或者主力买卖股票时的方法和我们普通股民完全不同，因为同是博取差价，而他们手持的是上千万元、上亿元的资金，如果他们买入某种股票时一次投入的资金太多，就会使股价上升太快，而原来愿意以较低价格卖出的人也会按抬高了的价格来卖出，这样就无法达到他们买入较低价格股票的目的了。所以他们在一开始买入时，总是在买进股票的同时又以更低的价格卖出一些股票，使股价无法上升。等他们已经买进足够多的股票，或者说手里握有足够多的筹码时，就开始拉抬股价。他们投入资金使股价节节上升，从而吸引更多的人愿意来购买这种股票。为了使这种股价上升显得更"合理"，一开始时他们就要选择那些有潜力、有题材的股票，这时更要煽风点火，火上浇油。直到这种股票的价格上升到某个高度，市场的交投也充分活跃时，他们开始卖出自己的股票，我们称之为派发。

在这个时候，为了保持股价不下落，同时造成市场活跃的假象，他们在卖出股票的同时又买入部分这种股票，我们称之为对倒。因为买卖双方都是同一家，所以他们并没有什么损失，但是吸引来大量的跟风者。这时我们会看到买卖该种股票的人非常踊跃，但股价却不升反降。等庄家出货出得差不多了，就把手中的筹码一股脑儿抛出，这时我们就会看到股价一个劲儿地往下跌，止也止不住。这种情况我们管它叫跳水，指由于庄家抛售而使股价一路下跌。

这就是庄家操纵股价的三部曲：

（1）压低价格，暗中吃进；

（2）煽风造势，哄抬股价；

（3）高价抛售，获取差价。

了解庄家操纵股价的手法，是理解整个股市价格波动的关键所在。只有认识了这一点，我们才不会盲目跟风，随时在波澜起伏的股市中保持清醒的头脑。

"炒股"这个词实在是非常生动贴切地描述了股票买卖中的这种现象。正是在众多庄家带领下，将股价"炒"得越来越高，不断升温。而我们要想在这个市场中取胜，则不能让我们的头脑一同升温，而是市场越热，头脑越要保持冷静清醒，不被各种假象所迷惑。

不过在长期牛市中我们还可以看到另外一种情况，就是一些股的股价始终在上涨，虽然也有回调，但在每次回落之后都会涨得更高。由于中国的经济这些年持续高速发展，涌现出一批优异的上市公司，例如贵州茅台、青岛海尔等公司的股票的表现都是如此，这就是因为公司的基本面支持股价上涨，结果是所有长期持有这些股票的人都挣到了钱。

所以股市和期货市场不同，期货市场是"零和游戏"，一部分人挣的就是另一部分人亏损的钱。而股市中存在着"虚拟放大"，即使公司基本面没有变化，但是在股价上涨过程中大家都挣钱，而股价下跌过程中大家都亏损。如果公司经营得好，使这种"虚拟放大"变成了"真实放大"，股价不再跌回原位，就使更多的人挣到了钱。所以我们在股市中不应该沉溺于"炒"那些被庄家恶意拉高的股票，而要多关注有实际价值的股票，这样才能保证实实在在地挣到钱。

看盘时应看些什么

　　各证券公司大都用大盘显示股市行情，其内容已在前面做过介绍。我们要掌握市场的动向，就要学会看大盘。下面讲一下主要看些什么、怎样看。

　　首先在开盘时要看集合竞价的股价和成交额，看是高开还是低开，就是说，和昨天的收盘价相比，价格是高了还是低了。它表示出市场的意愿，期待今天的股价是上涨还是下跌。成交量的大小则表示参与买卖的人的多少，它往往对一天之内成交的活跃程度有很大的影响。

　　然后在半小时内看股价变动的方向。一般来说，如果股价开得太高，在半小时内就可能会回落；如果股价开得太低，在半小时内就可能会回升。这时要看成交量的大小，如果高开又不回落，而且成交量放大，那么这个股票就很可能要上涨。

　　我们看股价时，不仅看现在的价格，而且要看昨天的收盘价、当日开盘价、最高价和最低价、涨跌的幅度等，这样才能看出现在的股价是处在一个什么位置，是否有买入的价值。看它是在上升还是在下降之中。一般来说，下降之中的股票不要急于买，而要等它止跌以后再买。上升之中的股票可以买，但要小心不要被它套住。一天之内股票往往要有几次升降的波动。你可以看你所要买的股票是否和大盘的走向一致，如果是的话，那么最好的办法就是盯住大盘，在股价上升到顶点时卖出，在股价下降到底时买入。这样做虽然不能保证你买卖完全正确，但至少可以卖到一个相对的高价和买到一个相对的低价。而不会买一个最高价和卖一个最低价。

通过买卖手数多少的对比可以看出是买方的力量大还是卖方的力量大。如果卖方的力量远远大于买方则最好不要买。

现手说明计算机中刚刚成交的一次成交量的大小。如果连续出现大量，说明有很多人在买卖该股，成交活跃，值得注意。而如果半天也没人买，则不大可能成为好股。

现手累计数就是总手数。总手数也叫作成交量。有时它是比股价更为重要的指标。总手数与流通股数的比称为换手率，它说明持股人中有多少人是在当天买入的。换手率高，说明该股买卖的人多，容易上涨。但是如果不是刚上市的新股，却出现特大换手率（超过50%），则常常在第二天就下跌，所以最好不要买入。

涨跌有两种表示方法：一种是绝对数，即涨或跌了几角几分，一目了然；另一种是相对数，即涨或跌了百分之几。一般在屏幕上同时都会显示。

股票的涨和跌都不是随意的，而是有一定的限制，这叫作涨停板和跌停板。按照规定，每只股票当天股价的最大涨幅或者最大跌幅不能超过该股票前一个交易日收盘价的±10%，超过这个范围的买卖申报均属于无效委托。其中上涨10%称为涨停板价，下跌10%称为跌停板价。但新股上市第一天不同，其上涨上限为44%。

我们前面说到在公司分红和配股时要进行股权登记，因为登记日第二天再买股票就领不到红利和红股，也不能配股了，股价一般来说是要下跌的，这一天称作股票的除权除息日。所以在这一天大盘上显示的前收盘价就不再是前一天的实际收盘价，而是根据该成交价与分红现金的数量、送配股的数量和配股价的高低等结合起来算出来的。在显示屏幕上如果是分红利，就写作 DR××，叫作除息；如果是送红股或者配股，就写作 XR××，叫作除权；如果是分红又配股，则写作 XD××，叫作除权除息。后面两个字是公司名称的缩写，例如"青岛啤酒"除息写作"DR 青啤"，"四川长虹"除权写作"XR 长虹"。这一天就叫作该股的除息日或除权日（除权除息日）。

计算除息价的方法比较简单，只要将前一天的收盘价减去分红派息的数量就可以了。例如一只股票前一天的收盘价是 2.80 元，分红数量是每股 5 分钱，则除权价就是 2.75 元。计算除权价时如果是送红股，就要将前一天的收盘价除以第二天的股数。例如一只股票前一天的收盘价是 3.90 元，送股的比例是 10∶3；也就是除权价为 3.9÷1.3＝3.00 元。

计算配股价时还要把配股所花的钱加进去。例如一只股票前一天的收盘价是 14 元，配股的比例是 10∶2，配股价是 8 元，则除权价为（14×10＋8×2）÷（10＋2）＝13 元。

经过一天的交易，如果当日收盘价的实际价格比算出来的价格高，就称作填权。反之，如果实际收盘价比计算出来的价格低，就称作贴权。这往往与当时的市场形势有很大的关系，股市上升时容易填权，股市下跌时则容易贴权。在市场形势好的时候人们往往愿意买入即将配股分红或刚刚除权的股，因为这时容易填权，也就是说，股价很容易在当天继续上涨，虽然收盘时看上去股价比前一天低，而实际上股价却是上涨了。如果经过一段时间后，股价又回到除权以前的价位，则称为填满权。

第 15 课

怎样看走势图

有了计算机以后，人们不光可以随时看到股价的变化，而且把这种变化用生动直观的图表示出来，我们称之为走势图。各种软件的走势图不尽相同，下面我们就以大智慧软件为例来解释一下如何看盘。

看大盘当日走势时常用两种图线：一种是上（深）证走势图，另一种是上（深）证领先图，如图4、图5所示。

在上证走势图中，如图4所示。整个图可以分为两部分，上半部分是股价的变化情况，下半部分是成交量的变化情况。所以左边的纵坐标也分成两部分，上半部分是股价指数，下半部分是成交量；右边的纵坐标则是涨跌的幅度，横坐标是时间，整个图按一天4小时交易时间共分成8格，用细竖线分开，以便观察。

上半部的中间有一条较粗的横线，它的高度即是前一天的收盘价，图中的曲线即是上证指数。所以根据现在图线所在的位置，可以很容易地看出股价比昨天是涨了还是跌了。

图的下半部分中的黄色柱状线（在市场大盘中显示的颜色，下同）是交易量。最左边一根特长的线是集合竞价时的交易量，后面是每1分钟出现一根，单位是手。

图的右边有关于当前股市涨跌情况的说明，其中委比是当日买卖量差额和总额的比值，即委比 =（委买手数 – 委卖手数）÷（委买手数 + 委卖手数）×100%（在这里，委买手数是指当前所有个股委托买入手数相加之和，委卖手数是指当前所有个股委托卖出手数相加之和）。委买卖差则是当前买量之和减去卖量之和，反映买卖双方的力量对比。正数为买方较强，负数为抛压

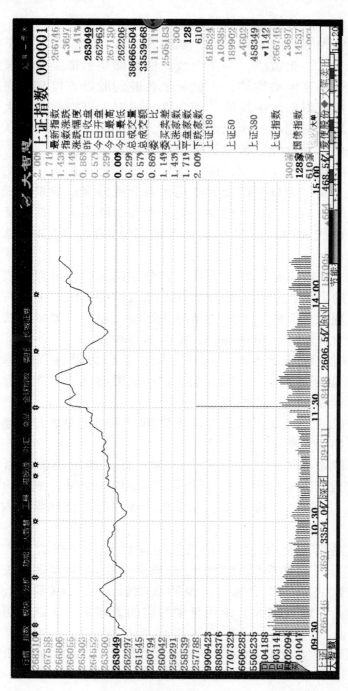

图 4　上证指数分时走势图

较重。深市的走势图也大体与此相同。

上证领先图与图4相类似，如图5所示，不过在图的上半部有两条曲线，一条黄线，一条白线。白线即是上证指数，黄线则是各股股价的算术平均值，也就是把各股的股价直接相加再除以股票的个数而得出的平均值。因为大盘股对上证指数影响大，而对算术平均值影响小，所以两线有时走势不同。我们可以认为白线更多地代表大盘股，黄线更多地代表小盘股。

如果两线黏合在一起，说明各股走势相近；如果白线的位置在黄线的上面，而且上行快，则是大盘股涨得多；如果白线的位置在黄线的下面，而且下行快，则是大盘股跌得多。在深证领先图中也有黄线和白线，只不过黄线是成份指数，而白线是综合指数。

在前一天收盘价线的上方和下方分别出现的红绿竖线表示上涨和下跌的力度，它是上涨股数和下跌股数的比值。上涨时在横线上方出现红色竖线，上涨力量越强则红线越长。如果红线长度递增，则大盘看涨；长度递减，则大盘看跌。

下跌时在横线下方出现绿色竖线，下降力量越强则绿线越长。如果绿线长度递增，则大盘看跌；长度递减，则大盘看涨。

深证领先图也与此相同。

看个股的走势则要用到个股走势图，下面我们来看一幅个股走势图，如图6所示。

在个股走势图中，除了和上（深）证走势图类似的指标以外，还有当前买家和卖家报出的前五档价格与数量，成交价、均价、涨跌、最高价、最低价、总手数、现手数以及外盘、内盘和量比等。

外盘是到目前为止已经成交的主动性买单（按卖方价格成交）之和；内盘是到目前为止已经成交的主动性卖单（按买方价格成交）之和。外盘越大，说明盘中看多的人越多，上涨的可能性越大。内盘越大，说明盘中看空的人越多，下跌的可能性越大。

量比则是实时盘中每1分钟均量与5日每1分钟均量之比，即：

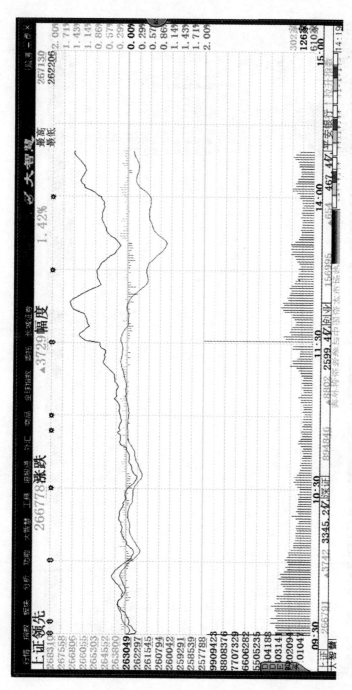

图5　上证领先分时走势图

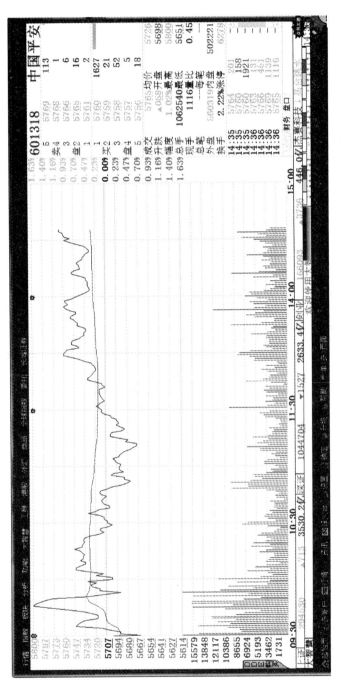

图6 个股分时走势图

（当前总成交量÷当前开盘分钟数）÷（5 日均量÷5 日总交易分钟数）在图的右下面是该股最近成交的时间、价格和成交手数。

走势图随时反映股势，是我们观察股市变化的有力工具。前面说到的盯住大盘，如果从走势图上来看，就更容易得多。

第 16 课

怎样选择入市时机

在有了充分的准备，并且办好了买卖股票的所有手续后，就可以选择入市时机了。

从长远来说，中国的股市是一个大牛市，随着经济的发展，大多数公司的盈利都有希望增加，买入股票的人都有希望获利。但是实际上许多人在买了股票后都赔了钱，特别是在2007 年 10 月股市从上证的 6124 点历史高位回落之后，有许多投资者亏损严重，在这个时间前后入场的投资者更是损失惨重。所以刚入市的投资者特别要选择好入市的时机，如果时机合适，至少就为获利创造了条件，而如果时机不对，再怎样下工夫也没有用。

股市的理论中有一种是波浪理论。在这里我们先不去探讨这种理论，而是希望大家一定要充分认识到股市的波浪式发展。

图 7 是自上海股市创立以来上证指数的月线图。

我们可以看到，股价的走势一直如波浪一样上下起伏，一浪之后又是一浪。而每一个大浪之中又有许多小浪。如果我们再看其他的走势图，可以看到每周、每日、每小时的行情都是不断起伏的。

再从一种股票的行情变化来看，也是波浪起伏的，有时和大盘走势一致，有时则不一致。

从 2005 年 7 月起，中国股市进入了一段大牛市，而从 2007年 10 月起，股市又出现了一段大回落。而自 2008 年 10 月至今，股市再也没有出现过这样大的波动，那么到底在目前的情况下，是否适合普通投资者入市呢？

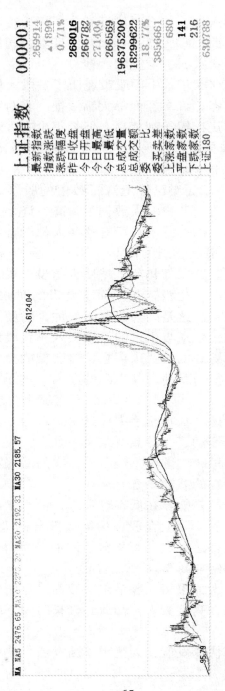

图 7　上证指数走势图（月线）

过去我总对别人说，什么时候证券公司里冷冷清清，门可罗雀，你就买上股票回家睡大觉；什么时候证券公司里挤得人转不动，你就来把股票卖掉，一定能赚大钱。

从 2004 年到 2005 年，中国股市经历了一段大低谷，证券公司里的确是门可罗雀，许多券商都大幅亏损。当时我对很多人说买股票长期看肯定比存银行利率高，但是很少有人肯把钱取出来买股票。事实上如果在那时买入任何一只股票持有不动，到 2007 年几乎都有数倍的收益。

而到了 2007 年，面对已经上涨了数倍的股票，人们的热情却空前高涨，每天股市开户的人数创下新高，许多人把钱从银行里取出来买成基金，那么是不是所有这些人都能赚钱呢？

股票这个东西很怪，别的商品卖不掉，只要降价说是处理品，很快就卖掉了。股票却相反，越便宜越没人买，甚至股票的价格跌到了净资产以下也没人买。而越是贵的时候买的人越多，大家都争着抢着来买。这是因为股票是一种金融商品，它是通过挣钱效应而非使用价值来吸引人的。你买入一只股票，只要有人肯出比自己买入时更高的价钱来买它，自己就能挣到钱，这就是金融商品的价格规律与其他商品不同的原因。这样就存在着很大危险，所谓"博傻"，即明知某种东西不值那么多钱，但是希望有人比自己更傻，还会从自己手中接过这个接力棒，直到有一天这个接力棒再也传不动了，游戏就结束了。

在过去许多年里，中国股市经历了多次的涨涨跌跌，股民们也经历了多少次反复的悲欢场合。

从道理上说，凡是能够在低谷时买入，而肯于在高峰时卖出的人都能挣到钱。而实际上在股市中绝大部分的人都是赔钱的，这并非是他们不懂得这一点，而是忍不住了。因为要在长期的股市中做到低买高卖绝非易事。

新入市的投资者如果买入股票出现亏损时还能沉住气，是不容易的。但是如果在高位买入，却遇到较长时间下跌，在心理上就会受到很大打击。

由于中国经济快速发展，人民币不断升值，使中国股市进入了一个大发展时期。

　　自 2008 年爆发全球性金融危机以来，全球股市进入了一个更加平稳发展的时期。国内投资者也不再像过去那样狂热，同时也因为国内股市进入了全流通的时代，股市中的泡沫受到了挤压。

　　当然，要想等到一个较好的时机，往往是很费时间的。例如从 2001 年 6 月中国股市见到上证 2254 的高点，到 2005 年 6 月最低 998 点，用了整整 4 年的时间。而从 2009 年 8 月的 3478 点，到 2013 年 6 月的 1849 点，又走了将近 4 年的时间。在这每个 4 年内入市的投资者大都被套住了。

　　股市上的风险和股价成正比，股价越高，风险就越大，但是因为股价不断上涨，造成了赚钱效应，带动更多的人进入股市。所以比较聪明的投资者应该在股价低而大家又都不看好股市的时候入场。就像在前面中国股市跌了 4 年，但是如果你有足够的耐心，并且选择有真实内在价值的股票，在股市涨起来以后一定获利不菲。如今股市正处于上升途中，你只要选对股票，应当说获利的把握是很大的。只不过将来如果股市下跌时还要及时退出来。

　　对大多数投资者来说，肯定愿意在股市向上的时候买入。因为在股市向上的时候，股票上涨的概率比较大，我们买入获利的机会就比较多，所以如果可能的话，尽可能选择股市向上的时候买入。不过相对选时来说，选股更为重要。即使股市向上，大部分股票在上涨，但是如果你选的股票不对，同样可能不涨甚至亏损，所以我们要用更多的力量来选好股。

第 17 课

怎 样 选 股

　　除了选择入市时机之外，最重要的就是选股了。即使是在同一时间买入的股票，在经过一段时间后，股价之间也会产生很大差别，这就是个股的不同。在 1999 年美国股市中以科技股为主的纳斯达克指数在不到一年的时间里就翻了一番，而同期以"传统经济"为主的道琼斯指数却上涨很少。中国股市在 2008 年以前上涨很快，在股市大盘指数上涨 5 倍的情况下，涌现出大量高速上涨的股票，上涨超过 10 倍甚至 20 倍的股票不在少数。

　　那么哪些股票是未来可能增长最快的呢？

　　从理论上说我们应首选的是成长股，即前途看好的股。

　　过去人们最看重的是网络股、科技股等，因为这些公司的行业新、发展快，可能迅速成为企业明星。由于人们对其发展的远景非常看好，往往使它们的股价成倍地增长。

　　但是现在人们的择股原则有些改变，因为科技股中许多公司的效益并不是太好，所说的远景往往不能及时兑现，所以上涨的势头有所减弱。

　　目前表现最突出的成长股像新能源、低碳经济、稀缺资源、节能环保等，而随着国家经济的发展，不断有更多的行业涌现出来，我们要随时关注国家经济和行业的发展。

　　另一类股价增长特别快的是资产重组股，它们往往就是人们常说的垃圾股，由于这些公司经营业绩差而无人过问。但是在一定时间和一定的条件之下，因为有可能经过重组，改头换面，成为新的上市公司，它们也有可能成为黑马股。

　　不过这些股票中往往是鱼龙混杂，既有真正通过资产重组而使公司获得新生的股票；也有由于负债过多，包袱过重而无人愿意要的公司，只有等着摘牌退市。所以我们要选择那些包袱轻，盘子小，有实质性重组题材的个股。

大家往往都愿意选择的一类股票是那些经营业绩好的公司的股票，通常人们称之为绩优股或者蓝筹股。因为这种股票效益好，可以分到较多的红利。但是我们看到在最近两年里，像金融、地产、钢铁、石化等一些行业的大盘股表现都不好，在一些小盘股不断创出新高的同时，它们的股价却一直在低位徘徊。这是因为股市总是喜新厌旧，在前两年大盘蓝筹股都被炒高了之后，需要有一段时间进行休整。所以如果你愿意长期持有，那么在现在的低位买入蓝筹股，一定会有所收益。而如果你还希望获得更好的收益，那么就需要学习选择当前会上涨的股票。我们将在后面做更详细的介绍。

还有常被人看重的是新股。购买原始股，即公司直接发行的股票，往往有利可图。因为没有人持有比其价位更低的股票，所以上市后差不多总是能够盈利。即使因为有时不能马上上市，要使资金锁定一段时间，但过后仍旧能够获利。次新股也就是上市不久的公司，在上市后一段时间内，也是股市炒作的热点。因为上面没有套牢盘，所以容易炒作。新股如果盘子小、有题材，炒作往往比较成功，而大盘股炒高则要困难些。

即将送股配股的股票称为含权股，在股市上升的时候常常有比较好的表现。这是因为人们预期股票的价格会上升，所以股票增多当然是好事。而在股市下跌的时候，则不受人们欢迎，因为容易贴权。所以在行情好时可以多关注含权股，行情不好时则可以不去管它。

热点是经常转移的，我们要善于捕捉热点，才能保证手中的股票能够不断地升值。而不会指数上升了很多，你的股票还在原地踏步没动。

但是即使你选择了正确的热点也并不能保证你一定成功，因为即使是同一板块、相类似的股票，其走势也可能完全不同，例如以下几只股票：

股票名称	2007.1.4	2007.4.10	流通股份	2006 年利润
宝钢股份	9.14	10.99	47.35 亿	0.71 元
马钢股份	4.84	7.14	8.9 亿	0.26 元
包钢股份	3.31	6.41	27.2 亿	0.19 元

我们看到,同为钢铁股份,股本结构相差不少,效益差别也很大,其走势却相差很多。所以选股还有很多讲究,我们在第二讲里将要详细地介绍股市分析的方法。

总之,将选择入市时机和选股结合起来,尽可能在股市的低谷中找到有潜力的股票,一定可以获得丰厚的回报。

怎样用好股市服务

这里所说的股市服务包括许多方面的内容。例如信息服务、咨询服务、代理服务等。如果有条件，参加一些这种活动，对于我们在股市中取胜会有一定的帮助。但是在这些地方往往存在着陷阱和误区，必须小心从事。

1. 股市服务的方式

据统计，目前我国内地股民超过 1 亿人，为其提供服务是一个庞大的市场。当前为股民服务的方式和地点多种多样，有收费的，也有免费的；有是以俱乐部等方式出现的一揽子服务，有的是按时间段如半年、一年收费的，也有的是单项一次性的服务；更多的是作为某项服务的一部分，例如当你购买了某种计算机软件，并按期缴纳服务费，你就可以得到这个软件商提供的各种服务；或者你在某个证券部买卖股票，而证券商为了留住股民，也会提供如讲座、咨询等各种方式的服务。

提供服务的方式包括电话声讯、传真、讲座、股民俱乐部、网上问答、电子邮件问答、电视回答观众提问以及代理买卖股票等。

从道理上说，股民们利用这些服务是为了挣到钱，而提供股市服务的人只有让股民们挣到钱才能提高自己的信誉，让更多的人愿意利用他们的服务。在这一点上，两者的利益是一致的。实际上，大多数提供服务的人也是这样做的。

但是股市中还有和股民利益相对的一面，也就是我们所说的庄家，他们要从股民手中挣到钱，这样如果他们利用这些人来为自己服务，就会出现错误的导向，例如有意推荐涨得很高，庄家将要出货的股票等，这种现象虽然不多但也是有的。

另外，股市的规律永远是在不断变化的。如果存在某种规律，并且被大家所认识，那么这种规律也就失去了它存在的条件。如果某个股评师预测得很准，那么下次当他预测到某个股票将要升跌时，这只股票的庄家就会反过来操作，使其预言落空。

即使是报纸上公开发布的上市公司的消息中也常常存在着虚假的现象，如通过包装骗取上市资格、虚报利润骗取配股资格、通过假重组拉高股价等都是常见的，这些都是目前政府监管的重点，但是违规操作的人总是有的。所以我们在利用这些股市服务的同时，必须提高警惕，小心上当受骗。

2. 股票经纪人

在国外，普通股民大都并不自己直接买卖股票，而是通过经纪人。由经纪人提供建议，股民自己提出要求，再由经纪人代为进行操作，尤其在数量比较大时这样做更有必要。例如你拥有某种股票几万股，虽然看对了抛出的时间，但是并不一定能及时卖掉。而经纪人拥有比较丰富的经验，可以帮助你在适当的时间以较为合理的价格卖出。

中国大多数股民不愿意找经纪人有多种原因：一是经纪活动不正规，人们认为让经纪人从中牟利，不如自己操作；二是资金量小，不值得请经纪人操作；三是投资理念差，不少人把炒股当作消遣，而不是作为投资看待，往往认为赚了是运气，赔了也不在乎。

但是股民中委托经纪人代理操盘的也不在少数，主要方式是由委托投资者提供操作密码，由经纪人代为操盘，其报酬多是按获利的比例分成。由于我国《证券法》规定证券经纪机构不得受理投资者全权委托，因而这种代理一般都是以个人名义出现，而个人证券经纪人在我国还没有获得合法的从业身份和资格，因此这种经纪代理中就存在着风险。即使双方签署了正式协议，也难以得到法律保障。虽然因为经纪人仅仅进行股票操作，并不直接运作资金，因而并不会直接造成资金流失，但是在操作失误时也会给委托人造成很大的经济损失。

　　社会上还有一种"证券黑市"，给股民带来的损失就更大。据报载，兰州等地就有一种"证券黑市"，这些人选择偏僻地带或高层写字楼内的出租房作为营业场所，利用几十台租来的电脑，通过卫星接收器、互联网或有线电视接收股市行情信息，建成一个模拟股票交易系统，然后雇用经纪人，用为客户提供电脑、"融资"和"内部消息"等为诱饵，以可让客户年收益率达30%～80%等为承诺，诱骗股民到"黑市"炒股。股民一旦上钩，黑市便采用频繁交易、追涨杀跌、鼓动融资、深度套牢、强行平仓的手法欺骗股民。当股市行情看涨时，总会出现停电、死机、系统紊乱等"故障"，结果把股民的钱都洗进了不法分子的腰包。

　　所以股市经纪人还是一个亟待规范的问题，如果我们想通过经纪人为自己买卖股票，一定要小心，谨防上当受骗。

第 二 讲
股 市 分 析

第 19 课

基本面分析中主要应考虑哪些因素

　　要想在股市中立于不败之地，就要在股市分析上面下工夫。前面介绍的低吸高抛的方法虽然很简单，但也并不是人人都能掌握好的。而要想在此基础上再进一步，就要多多学习股市分析的方法，并在实际中多加运用，融会贯通。这里介绍的只是股市分析中一些最基本的知识和方法，起到一个抛砖引玉的作用。有志于此者可找更多的有关书籍来学习。

　　股市分析包括基本分析和技术分析两大部分，而基本分析又可分为对大势的分析和对股市及上市公司的分析。下面我们就一一做个简单的介绍。

　　基本分析中有两个方面的分析。

　　一方面是跳出股市从国家以至世界形势的宏观面上对股市的影响来进行分析，看整个形势对股市的上升和发展是起支持还是阻碍作用，我们通常称之为基本面的分析。它虽然不能告诉我们什么时候哪只股票会涨多少，但却是最重要的股市发展的基础。离开了基本面，股市就成了无源之水、无本之木，是根本无法发展的。

　　另一方面是指对股市当前所处的位置、发展趋势的认识以及对各个上市公司、各股的基本状况的认识。

　　对于机构来说，因为投入的资金比较多，常常要对公司做比较深入的调查和了解，特别是对公司的基本面要有比较清楚透彻的分析。他们常常要派人到公司去实地考察，了解公司的实际情况。而对于散户来说，因为没有这种条件，从报纸等媒体上了解来的情况又难以保证准确无误，因而往往需要更多地依靠技术分析。至于究竟采用什么方法，还要看个人的习惯和具有的能力而定。

各种媒体上每天都有许多专家和股评家们所做的股市分析，但经常是互相矛盾的。所以我们一定要自己进行分析，才能不断提高分析的能力，在股市上立于不败之地。往往所有的股评家都说好的时候，股市却大跌特跌；所有的人都看坏的时候，它却不跌反涨了。这就是股市分析的困难之处，也正是它的魅力所在。

1. 政治因素

世界和平、国家安定、国家有正确发展经济的政策，是股市发展的最基本的条件。而具体来说，国际国内的重大事件、国家政策的变化，都有可能对股市产生影响。例如，人民币升值，对进口多和外汇贷款多的公司（例如航空公司）来说固然是好事，而对出口多的公司来说则要面临更多的压力。

从当前形势来看，第二次世界大战以后，世界和平已经保持了 60 多年，在这些年里，世界的格局发生了翻天覆地的变化。

中国从过去受人欺侮的半封建半殖民地国家发展到现在，成为能够在世界上发挥巨大影响的社会主义国家。特别是实行改革开放政策以来，经济迅速发展，成为世界上经济发展最快的国家之一。对外开放的一系列优惠政策，吸引了大量的外资。中国正在迅速地成为世界经济中重要的不可分割的一员。企业实行股份制，也是使中国经济和国际市场接轨的一个重要环节，虽然在通往这个目标的路上还会有许多坎坷，但方向是确定无疑的。

在政治上，我们正处于新中国成立后最安定的时期，在以习近平总书记为首的党中央领导下，改革开放政策深入人心，所有这些都为股市的顺利发展创造了良好的外部条件。

2. 经济因素

类似的政治消息、国家政策，往往在股市上得到不同的反映。其深层的原因在于股市是扎根于国家的经济基础之中的，国家的经济形势和金融形势才从根本上影响股市的发展。

上市的股票是由各个企业发行的，国家经济形势的好坏自然直接影响到这些公司的效益。而对公司效益的好坏的预期也就很自然地反映在股票价格的变动上。当经济转好时，公司就能得到更好的经济效益，股票的价格也就往往会上涨。

当国家经济形势好转，财政收入增加，经济发展速度加快时，股市最先开始好转，这是因为当银根开始松动，也就是国家的资金开始充裕时，最先在股市上反映出来。因为股市的发展需要资金的注入，当资金一进入股市时，就将股市推动向上走。而资金进入生产领域则先要投资设备、原材料、人力，才能使生产发展起来，生产出更多的产品，这就需要时间。反过来也是一样，当国家宏观经济形势不好，资金短缺时也同样会造成股市下跌。所以说"股市是国家经济形势的'晴雨表'"，就是这个道理。

因为股市是和钱打交道的，所以和金融的关系尤为密切。为了拉动内需，促进经济发展，国家实行降低银行存贷款利率的政策，就对股市起到了推动作用。这是因为，一方面银行减少利息以后，银行存款的数量就会减少，其中有一部分资金就会进入投资领域，股票正是投资的一个重要方向。另一方面利息减少使机构手里的钱能够松动，他们也同样会拿出一部分钱来投入股市。投入的资金多了，股价自然就会上涨。

当前我国的经济形势正处于发展的新时期，在 21 世纪我国将继续保持经济发展的高速度，到 2020 年，要实现人均国民生产总值比 2000 年翻两番。而为了拉动内需，促进经济发展，股市发展起着重要的作用。可以预期，随着经济的大发展，股市也将面临着大发展。

3. 心理因素

人们常说"买股票是买未来"，也就是说，在买股票之前，人们总是预期该种股票的价格将会上涨，所以股票这种商品有着很强的心理因素存在。当大多数人认为股票的价格将要上涨时，它往往要上升很大的幅度，远远超过公司企业效益所能带来的好处。这里面固然有庄家拉抬的成分，但和大多数人的从众心理也有很大的关系。

美国最大的网店"亚马逊"（Amazon），上市后一直亏损，股价却攀上 100 多美元。而一些传统经济的股票，效益不错，股价却一直上不去。虽然这与近几年科技进步快有密切关系，但科技网络股票价格上涨的速度却远远超过了它们自身发展的速度。

股市好比一面哈哈镜，在股市中所看到的现实的影子，是经过扭曲变形的。只有理解这一点，才能在千变万化的股市中立于不败之地。

进行心理分析当然是很困难的一件事，我们要注意的一是考虑大多数人会怎么想，从而找出股市可能前进的方向。二是考虑庄家在现在这种情况下会怎么做，因为大多数情况下要跟着庄家走才能赚到钱。

4. 股市与周边市场的关系

周边市场首先是指期货市场和债券市场。现在上海证券交易所和深圳证券交易所里交易的不光是股票，还有各种债券包括记账式国库券、国债回购、可转债券、企业债券等，股民在交易所开户后就同时可以买卖股票和债券。因此，在股市不好的时候，许多投资者就会把资金转到债市上，一方面可以得到较高的利息；另一方面也可以通过差价获取利润。

一般来说，股市与期货市场、债券市场都有着密切的关系。当期货市场、债券市场火爆时，资金往往会从股市流向期货市场和债券市场，反之亦然。

前几年比较火爆的另一个市场则是房地产市场，不少人热衷于炒卖房地产，这对股市资金也是一个分流。如今房地产市场热度下降，也会使部分资金从房地产市场转向股市。

我们观察股市时也应该关注其他国家和地区的股市，特别是中国香港股市。例如，美国股市上新能源股票火爆的时候，往往也会带动国内新能源股票走强。

由于国内很多上市公司同时在香港上市，即 H 股，其走势和 A 股走势常有密切的关系。而如今有了沪港通，我们更应当同步关注。

第 20 课

对中国股市的认识

除了上面所说的一般的对股市的分析之外，我们还应看到中国股市的特殊性。

1. 中国股市是年轻的发展中的股市

与欧美有几百年历史的股市不同，中国的股市只有短短的十几年历史，而就在这不长的十几年之中，它迅速地发展起来了。

中国自 1978 年实行改革开放政策以来，农村、城市都出现了合股经营的生产方式，这是股份制的初始迹象。1983 ~ 1986 年，上海、沈阳、广州、深圳等地都陆续办起了各种类型的股份公司。到 1993 年，股份制企业已经发展到 1 万多家。1986 年，沈阳、上海、西安等地陆续出现了证券交易市场。

1990 年 12 月 19 日上海证券交易所正式开始交易，当时上市的只有 8 只股票，第一天的交易额只有 94 万元。1991 年 4 月 3 日，深圳证券交易所成立，当时也只有 5 只股票。

从那时以来，仅仅二十几年的时间，发展到目前的上海、深圳两个交易所共有 3000 多只股票，这充分说明了股市的强大生命力。

中国股市正因为年轻，特点一是投机性强，因而机会多，风险也大。二是发展快，不断增加新生力量。沪深股市的总值已经超过 20 多万亿元，居全球第二位，是世界上发展最快的股市之一。

2. 充分认识国家调控政策对股市的影响

正是从改革开放以来，国家采取了鼓励发展股份制，开放股市的政策，才使我国的股市从无到有，一步一步走上正轨，达到今天的规模。

由于我国的股市还处于发展阶段，各个方面都还很不成熟，所以开始时出现各种问题都是在所难免的。1990年2月，全国经济特区会议作出决定，允许深圳特区继续按市场经济模式发展，且要加快步伐，于是深圳股市逐渐发展、活跃起来，使股票在短短几个月内升值许多倍。这时为了抑制过度投机，国家实行了涨停板制度。使股价在1991年3、4两个月中几乎没有变动。而这个制度的取消又使股价在短短的几个月内涨了3倍。

1995年5月18日，由于国家宣布关闭国债期货市场，使上海股市的股价在短短的几天之内上升了300多点，而3天后又是因为国家宣布将要发行55亿元的新股，使它在一天之内又跌回到700多点。这里固然有股市本身的因素在起作用，但我们也不能不看到国家政策对股市的重大影响。

所以我们特别要注意分析股市发展对国家的作用。一方面股市可以为国家筹措资金，减少银行存款的压力；另一方面大量资金涌入股市也会造成负面影响，影响金融稳定。

我国的股市是由国家直接进行控制管理的。负责管理这方面事务的是中国证券监督管理委员会，简称证监会，是在1992年成立的。

人们称中国股市为"消息市"、"政策市"，正是说明了消息和政策对股市影响的重要性。

国家政策对中国股市的发展起着举足轻重的作用。我们看到，过去每当股市的发展陷入绝境时，国家总会出台救市的政策，使股市得以向前发展。当股市过热时，国家也同样要出台政策，抑制过度投机。当前的股市正是在国家的引导下，一步步走向正轨。

而随着股市的壮大和发展，国家逐渐将监管的重点转移到市场的规范上面来，对股价的涨跌不再多施加影响，而是依靠市场自身的力量进行调控。

虽然消息和政策经常给股市带来重大的影响，但是我们也不要过分夸大了消息和政策对股市的影响。因为消息和政策虽然能够影响和决定在某一天使股市或某些、某只股票大起大落，而这种起落又大都是有着其内在因素的。所以我们切不可整天去追市场上的各种传闻，而是要保持自己头脑的清醒，才能在股市上立于不败之地。

3. 关于中国股市的改革

自 2006 年 4 月起，中国股市兴起了前所未有的"股权分置"改革热潮，以下简称"股改"，使中国股市发生了翻天覆地的变化。

"股改"的重点是解决中国股市长期以来所遗留的"同股不同权"问题。从沪深股票发行时起，就分别存在着不同的股票：国家股、法人股、社会公众股、内部职工股等，在绝大多数的公司中，国家股和法人股都占股本的大多数，但是不能流通。只有社会公众股可以流通。这样就给中国股市中的过度投机创造了条件，大股东对股价漠不关心，而庄家则敢于把亏损的垃圾股价炒上天。最终的结果是在 2001 年以后，中国股市陷入了长达 4 年多的低迷之中。

为此中央从上到下发动了"股改"，在"股改"中，大股东向流通股东付出一定的"对价"后，国家股和法人股分批分期变为流通股，从而基本实现了"全流通"。

目前大家普遍认为，由于中国经济还能保持在相当长一段时间内稳定快速地发展，上市公司的效益也将随着迅速提高，加上人民币升值的影响，以及国家对股市加大监管力度，不断推出优质的公司上市，中国股市有希望在 5 ~ 10 年内保持持续向上发展。投资者应当抓住这个难得的机遇，争取获得较好的收益。

当然牛市也不等于没有调整，在总的大方向确定的情况下出现暂时的回落也是完全正常的。

在股指期货推出后，股市的波动会更大，一些投资者可能会感到难以承受。所以如果你要在股市中"游泳"，就要经得起风浪，只有能够在艰险中坚持到底的人，才有可能到达胜利的彼岸。

第 21 课

对上市股份公司应做哪些分析

基本分析的另一方面主要是对上市公司的基本状况进行分析，以确定其好坏，做出取舍。

对上市公司的分析主要有以下几个方面：

1. 公司的一般状况

公司的一般状况包括公司的所属行业、经营范围、所在地区、上市日期等。

以行业划分在沪市分为五大类，即工业、商业、金融地产、公用事业及综合类。深市分为六大类，即工业、商业、金融、房地产、公用事业及综合类。如：沪股中的"青岛啤酒"属工业类，经营范围是啤酒的生产销售；深股中的"中国平安"属金融类，经营范围为金融、保险业务等。

了解公司的经营范围及所在地，有助于我们了解它所处的"板块"。所谓板块，是指在某个方面有关联的一些股票，例如，人们常说的浦东板块、四川板块、三峡板块、汽车板块、水泥板块等。通常划分板块有三种方法：行业、地域和概念。行业是按照经营范围划分，例如钢铁、水泥、低碳经济等；地域是按所在位置划分，如福建、海峡西岸；概念划分的方法就更多了，如参股金融、基金重仓等。当市场中某只股票启动上涨时，或者当某只新股将要发行或上市时，往往会带动其所在的板块中的其他一些相关股票上涨，这就是"板块效应"。例如，当"飞乐股份"上涨时，同属于"三无板块"的"飞乐音响"等往往也一同走强。但板块的组成并不是一成不变的，而同一只股往往可以同时分属于不同的板块，所以我们应时时注意各股之间的关系。

各个不同的行业对股票的价格往往有很大的影响，例如，前两年网络科技股走红，几乎凡是沾了"网"边的股票，价格都会大幅上涨，远远超过了其他行业的股票。

上市日期说明该股的历史。新上市的股票往往特别受青睐，这是因为刚上市的股票还没有炒作过，上面没有套牢的股票，所以当股市上扬时比较容易拉高。

2. 公司的股本结构

股本结构特殊是中国股市的一大特点。通常股票可以划分成普通股和优先股，优先股在领取红利等方面有不同待遇，而优先股还有种种划分，这里就不一一讲了。而中国股市中虽然没有优先股，却有着流通股和非流通股的划分，这是中国股市中所特有的。

当初中国股市在发行股票时就规定，国家所有的国家股和由企业、社会团体等法人持有的法人股暂不上市流通，只有面向社会公众发行的社会公众股才可以在市场上流通，而公司在上市前向内部职工发行的内部职工股则在公司上市后一定时间可以上市流通。

而在经过股改之后，是否流通股主要和上市时间相关，所以我们只要了解流通股和非流通股就可以了。

过去绝大部分公司中都是非流通股占大多数，在股改之后，这些非流通股逐渐变为流通股，但是有一个过程，通常是规定有一个限售期，时间为 1～3 年。每个公司非流通股的限售情况，需要察看该股的资料。

而非流通股股东通常我们又将其划分为"大非"和"小非"。

"大非"是指公司的控股股东，他们在某些时候也会抛售部分股票，这是因为他们认为股价已经超出了其实际价值，而减持一部分，不过通常并不会放弃控股权。"小非"则是指其他企业等持有的股份，由于在公司中并不具有控股能力，而原先的买入股价通常都很低，所以他们往往在认为股价有利的时候抛售以获取利润。我们要注意这些非流通股上市后对股价的影响。

流通股根据流通方式的不同，还分为流通 A 股和 B 股。

流通 A 股是在沪深两个交易所中上市，用人民币交易的股票。流通 B 股则是在沪深两个交易所中上市，分别用美元和港币交易的股票。

另外还有一种 H 股，是在香港股市上市的股票。一些上市公司既在沪深交易所上市，又在香港上市，所以称这些公司的股票为含 H 股的股票，例如以前发行的"青岛啤酒"、"上海石化"等。而最近"中国银行"、"交通银行"等更是在内地和香港同时上市。

我们通常要注意的是公司总的股本结构，如上海股市中的"中国银行"、"中国人寿"等的总股本数量高达 300 亿元，所以它们的股价升降对股市指数有着很大的影响。

我们通常要注意的一是公司总的股本结构，二是流通 A 股的数量。通常把流通 A 股在 3000 万股以下的股称为小盘股，3000 万 ~ 1 亿股称为中盘股，1 亿股以上的是大盘股。小盘股庄家炒作容易，股性波动大，而大盘股则惰性大。一般来说，当两只股票的行业、效益都差不多时，小盘股的股价往往要高于大盘股的股价。而由于大盘股的股价对整个市场指数的影响较大，庄家往往利用拉动大盘股的股价来带动市场指数的升降。如上海股市中的"中国银行"、"中国石化"、"中国神华"，市值高达十多万亿元，所以它们股价的升降对股市指数有着很大的影响。

3. 公司的经营状况

抛开具体的某只股票不讲，从整体上来说，全体股民买股份公司的股票是为了从公司那里得到回报。所以以股民为一方，公司为另一方，公司给股民的回报越多自然越好，反之则不好。我们在对公司做分析时就首先要对其整个经营状况进行分析来判断其好坏。

经营状况反映的是公司经营水平。因为股份公司既然从股民那里募集了钱，它就有义务定期汇报其经营状况。上市公司一年要四次公布其业绩，就是季度报告、中期报告和年度报告。我们最关心的是公司的主要经济指标以及各项指标与前期的比较，通常有主营业务收入、主营业务利润、净利润、每股收益率、每股净资产、净资产收益率等。

其中和股民关系最大的是每股税后利润和净资产及公积金两项。每股税后利润直接关系到每股可分得的利益是多少，净资产及公积金则是每股中的含金量，净资产及公积金高时，公司常用送配股的方法将其摊薄。

主营业务的好坏，对公司的长远发展常有比较大的影响。例如，有的公司某一年因为出售资产获得一笔收入，有的公司把资金投入股市而挣了钱，这些并不能保证每年都能得到。所以只有主营业务经营得好，才是真正经营好的公司。

反映公司经营状况好坏的综合指标是市盈率，平常我们在报纸杂志上的股市行情表中都可以看到市盈率一栏。这是指当日股价与每股的年税后盈利的比值。有的报表上有市盈率Ⅰ、市盈率Ⅱ，则分别指的是当日股价和前一个年度实际税后盈利以及和下一个年度预计税后盈利的比。市盈率越低则说明公司收益越好。

从股市行情表上我们可以看出，各股间市盈率的差别是很大的。低的只有十几，高的可以上千。从理论上来说，假如我们把市价看成不变，则市盈率就是归还本金的年限。所以市盈率越低，该股的投资价值也就越高，从长远来说，盈利的可能性就越大。但是由于股市的投机性，有些股票虽然市盈率很高，根本没有投资价值，但在市场的炒作下，同样可以将股价炒得很高。而有的股票虽然市盈率很低，股价却上不去，这也是常有的事。不过从长远来说，股票要向其本身具有的价值回归，则是不可阻挡的趋向。

那么是不是说，市盈率越低的股票就越有投资价值呢？并不见得，因为买股票是买未来，买股票的人看重的是股票的前景。所以有些公司虽然可能暂时市盈率较高，例如，由于有较长期投资的项目尚未完工、前一年因经济形势不佳而受拖累等原因而利润较低，但是当盈利项目投产或是经济形势转好时则可能发生大的改观。这时它们的利润就会上升，市盈率也就会降低，所以被人们追捧的股票常有较高的市盈率。

还有一种可能，当一个公司经营很差时，市盈率可能高到天文数字，甚至利润是负值。但也正因为如此，它就有可能被其他公司收购或者兼并，这时就会给它带来转机，这是从报表上看不出来的。一个濒临倒闭的公司的股票，因为被大公司收购，转眼之间股价上涨多少倍，在股市中也是常有的事。

4. 股价

股价的历史及目前情况自然是我们最要关心的。通常我们将 30 元以上的股票称作高价股，10～30 元的股票称作中价股，10 元以下的股票称作低价股。不同的时期不同价位的股票常有不同的表现。

在看股价时，我们不光要看它和其他股相比是贵还是便宜，更要和它自己比，看股价是高了还是低了。所以在各种报纸杂志上经常提供各种比较价格的资料，如周报表、月报表，以及经过一段时间的上涨或下跌之后各股股价涨跌的幅度等，只有了解这些之后，我们才有可能买到便宜的股票。

在了解股价的同时我们还要了解各公司历来的送配股情况，尤其要注意当前有送配股题材的个股，通常称之为含权股。当送配方案好，如红利高、送配股多，常会使股价上升。而送配方案不理想时就有可能引起股价下跌。

在除权除息日通常股价要下跌，这是因为除权除息后要将派息、送配股的权益去掉。我们在营业部里所看到的显示出的价格中已经将该价格去掉。但是如果公司的效益好，尤其是在上升的行情之中，也有可能使价格很快上升，甚至会恢复到原有的价位，这称作**填权**。也有时股价反而下跌到计算价格之下，这时则称作**贴权**。

第 **22** 课

什么是技术分析

　　股市在世界各国已有很长的历史，所以就有很多人将过去的经验加以总结，试图找出其规律。所用的方法有数学的、有图表的，比较著名的方法已有数十种，通常我们称为技术分析。这些方法各有优劣和不同的适用范围，这里只选择最常用的几种方法，做一些简单的介绍，想要更深入了解的读者可以找有关的书籍来阅读。不过对于大多数人来说，也不需要了解和掌握太多的方法，找几种自己较熟悉并在经验中认为有效的方法，长期坚持去做，经过一段时间后就可以摸索出其中的规律，就可能取得较大的收益。

　　技术分析的基本用意是总结历史经验，根据过去股市上曾经多次出现过的情况，来比较和分析当前的股市行情，从而找出其可能的趋势倾向，以决定操作方法。既然是和历史类比，当然难免有错误。特别是在当前大家都有计算机的情况下，可以很快地进行分析，所以也就出现了反技术操作方法。即在某些时候，庄家故意按照和技术分析方法所得的结果相反的方向去做。不过，如果我们掌握了技术分析的工具，就可以避免很多错误，找到正确的方向。

　　当然，尽信书不如不信书，对技术分析同样也要一分为二，不可不信，也不可全信。关键的地方，大势上，用技术分析的方法往往可以得到很好的结果，而在细节上则不一定那么准确。最重要的是我们应该把技术分析的方法当成一门科学，而不是作为教条生搬硬套。因为无论是多么好的技术分析方法，也只能给我们指明可能发展的方向，而并非必然。这有些像给人看病，好的医生会从病人的症状中判断出得的是什么病，找出治疗的方法，同样的症状可能起因并不相同。在具体应用时，我们一定还要结合基本分析等，进行独立思考，从而决定自己的操作方法。

第 23 课

股市的根本规律

　　股市最基本的规律就是波浪式前进，股市总是一浪高一浪低地向前发展的。只有认清这一点，才能找到正确的操作方法。

　　为了方便，人们通常把股市分为牛市、熊市和盘整行情三种类型。

　　牛市是股市的上升阶段，这是初学者进入股市的大好时机。随着后市的不断看好，利好消息的传闻，使股市的指数不断上升，股价一步步抬高，入市者即使被套牢也能很快解套。这时，不断有外围资金进入股市，很多人看到别人在股市上赚了钱，于是也都拿钱来想到股市上"潇洒走一回"。

　　熊市则刚好相反，由于股价已被抬到过高的地步，从高处不断下跌，而以为是暂时低落的人抢入股市来抄底，结果纷纷被套牢。股价一跌再跌，以为是抄到底的购入者却看到昨日的低价已成为今日的高价。这时，市场上一片惊慌，每个利空消息自然是股价下跌的题材，而利好的消息也同样被当成了出货的好时机。轻度套牢者赶紧出货解套，深度套牢者则只有耐心等待下次时机的到来了。

　　在牛市和熊市之间往往存在着一段盘整期。此期间常常是消息的真空期，由于没有消息，无法形成热点。持股者大多惜售，持币者则在一旁观望。因而股价虽有上下波动，但一般振幅都不大。成交量日益萎缩，预示着将要有变盘的发生。向上还是向下，则要看消息面的配合、人心的归向了。

　　在这里，作为哲学上的三大基本规律之一的否定之否定规律得到了最充分的体现，通常我们称之为波浪式前进。

世界上任何事物的发展无不是波浪式前进，如一段时期房地产火爆，人们抢着开发各种别墅、写字楼，结果是多得卖不出去，造成资金大量积压。一段时间肉价高，农民都去养猪，结果饲料价格上去了，肉价却下来了，造成养猪赔本。类似现象，各行各业都可以见到，只不过我们在股市上看得特别明显罢了。

这里强调一点，就是要那些刚刚入市及准备入市的股民们要有充分的思想准备，要看到股市有涨有跌，你不可能指望它只涨不跌，也不用担心它只跌不涨。所以当你买到股票，看到股价节节上升时，不要只是满心欢喜，每天算自己又挣了多少钱，而要提高警惕，看到股价每高一分就多一分危险，应随时准备了结出局。不要等到股价重新跌回原位甚至更低时而懊悔不已。反过来，如果你买的股票因股价下跌而被套牢时也不要灰心丧气。

低价购入，高价售出股票，本来是再简单不过的事，却很少有人能做得到、做得好，这里最要紧的是信心和耐心，尤其应该看到中国的股市从长远来看是一个大牛市，只要不是在太高的价位被套牢，应该都有机会解套的。赚钱的机会多得很，要紧的是在于怎样去把握它。股市上可以说是"机不可失，失还再来"，只要不把钱输个一干二净，总还是可以找到机会的。我们要谆谆告诫股民的是"不知深浅，切勿下水"。不要看到别人赚了钱就心里痒痒，匆忙入市的结果往往是惨败而回。所以一定先要捂紧自己的钱袋，从模拟或小量入手，逐步扩大战果。而且必须要步步小心谨慎，"一着棋错，满盘皆输"，切不可因一时得手而忘乎所以。不然怎么赢的就让你怎么输回去，甚至输得更惨。

所以如果你想成为一个比较成熟的股市投资者，一定要仔细地学习有关知识，并在实践中融会贯通。

第 **24** 课

股 价 趋 势

　　股价趋势的理论基础是由美国人道·琼斯发明的道氏理论，他认为大部分股票都会跟随基本市场大势，这个市场大势可能是长期升势或长期跌势。市场处于长期升势时，大部分股票会一起升；市场处于长期跌势时，大部分股票会一起跌。

　　根据道氏理论，股票运动有三种趋势：基本趋势、次级趋势和短期趋势。

　　基本趋势是最主要的趋势，即股价广泛或全面性上升或下降的变动情况。这种变动持续的时间通常为一年或一年以上，股价总的升（降）幅超过20%。基本趋势持续上升时就是我们通常所说的多头市场也就是牛市，基本趋势持续下跌时就是我们通常所说的空头市场也就是熊市。

　　股价运动的第二种趋势称为次级趋势，它与基本趋势的运动方向相反，并对其产生一定的牵制作用，因而也称为股价的修正趋势。这种趋势持续的时间从3周至数月不等，其股价上升或下降的幅度一般为基本趋势的1/2 ~ 2/3。

　　股价运动的第三种趋势叫作短期趋势，它反映的是股价在几天之内的变化情况，一个次级趋势往往由3个或3个以上的短期趋势所组成。

　　在这三种趋势中，长期投资者最关心的是股价的基本趋势，他们试图在多头市场形成时买入股票，而在空头市场形成之前卖掉它。投机者则对股价的修正趋势比较感兴趣，他们的目的是从中获取短期利润。短期趋势的重要性比较小，而且容易被人操纵，因而不作为趋势分析的对象。

　　我们选定一段时间，假定股价总的来说是处于上升之中，那么我们就从前一个最低点开始，再找到随后几个重要的最低点，把它们连起来，就构成了一条上升趋势线。一般来说，它们多半位于同一条直线上，在这条线上的点越多，这条线经历的时间越长，则它的意义就越重要，股票沿此线继续前进的可能性就越大，如图 8 所示。

　　然后我们在这段时间内找一个明显的相对高点，由它出发做上升趋势线的平行线，我们就得到一个上升通道。上面一条平行线称为压力线，下面一条平行线称为支撑线。一般来说，如果不遇到较大的外力，股票不会脱离此通道运行，如图 9 所示。

　　当股价到达该通道的上轨时，多半会出现回档；而在股价到达该通道的下轨时多半就会止跌而继续上涨。

　　基于同样的方法，我们可以画出处于下降之中股票的下降趋势线和下降通道，上面一条平行线仍称为压力线，下面一条平行线称为支撑线。如果不遇到较大的外力，股票不会脱离此通道运行。在股价到达该通道的下轨时多半就会止跌出现反弹，而当股价到达该通道的上轨时，多半会停止反弹而继续下跌，如图 10 所示。

　　也有的时候股价并没有明显的趋势上涨或是下跌，我们称之为横盘整理。经过一段时间之后，股价会重新找到方向上升或下降，如图 11 所示。

　　看趋势是所有股票评判中最重要的，因为其他评判无非也是为了找出股票的趋势，以便在其下跌完了时买入股票，而在上涨完结之前卖出股票。

　　判断股价趋势的有力武器是移动平均线。

　　移动平均线就是将若干（n）天内的收盘价（或均价）逐个相加起来，再除以总天数 n，就得到第 n 天的平均值。再将各天的平均值标在图上，并用曲线连接起来，就得到 n 日平均线。例如要画 5 日的移动平均线，就要计算每日的 5 天平均数，这只要将到该日为止的 5 天内各日的股价收盘价加起来再除以 5，这样坚持做上一段时间，再将计算出来的各天平均数在图上连起来，就构成一条 5 日移动平均线。同理，我们可以

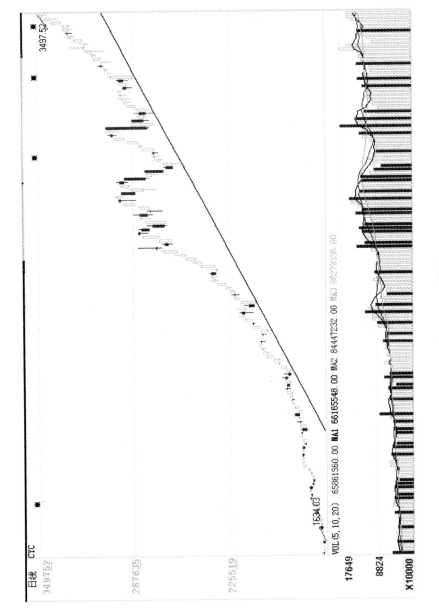

图 8 上升趋势线

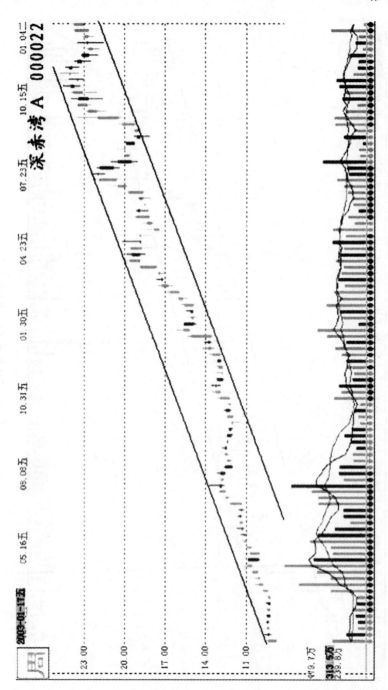

图 9　上升趋势线和上升通道

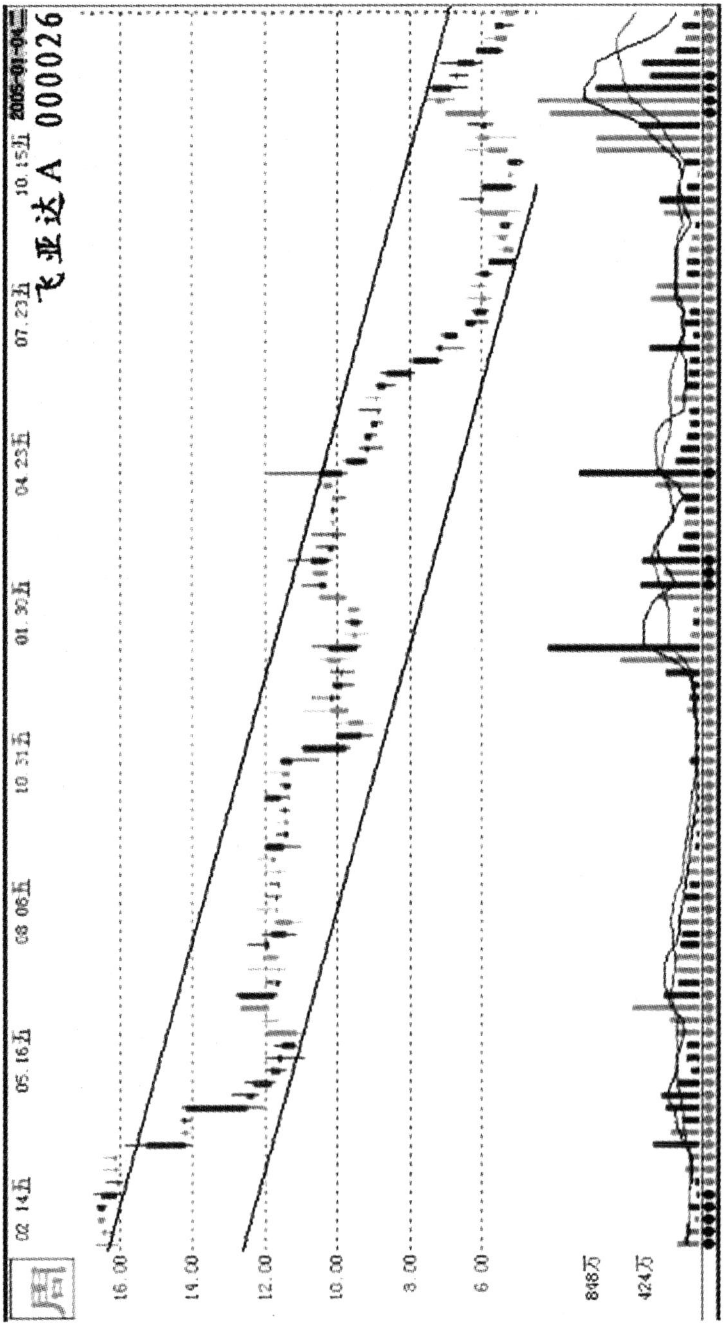

图 10 下降趋势线和下降通道

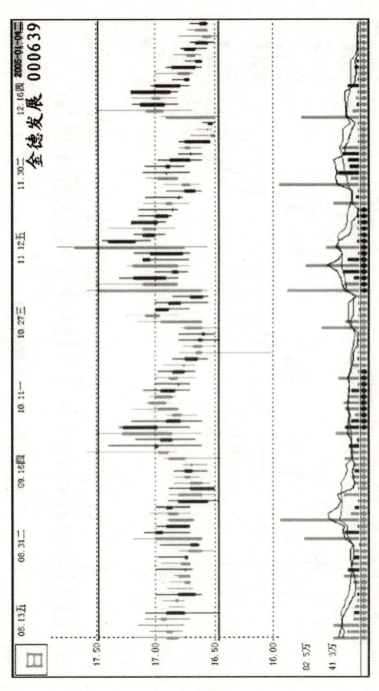

图 11　横盘区间整理

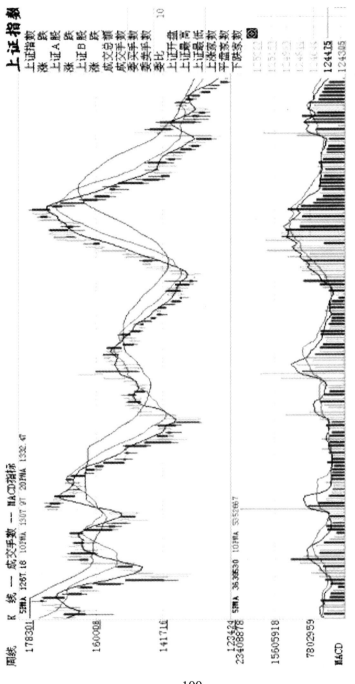

图 12　移动平均线

绘出其他日数的移动平均线。最常用的有 5 日、10 日、30 日、60 日等。我们经常将几条平均线画在同一个图上，并把时间较短的线称作短期线，而把时间较长的线称作长期线，以便分析它们之间的相互关系。但这只是相对而言，例如 10 日线相对 5 日线来说是长期线，而相对 30 日线、60 日线来说自然又只能算短期线，如图 12 所示。

实际运用时是将前一日的均值 MAn 乘上（n－1）加上当日收盘价 Cn 后再除以 n，这样计算起来比较简单。即：

$$MAn = \frac{MAn（n-1）+ Cn}{n}$$

因为移动平均线是将连续数日交易价格相加求出的平均值，所以我们可以认为它反映出的就是若干日内的平均价位成本。

移动平均线主要用在：

（1）判断大势：当短期线在中期线之上时为多头市场，反之为空头市场。

（2）助涨和助跌：在上升行情中，各移动平均线向上移动，当股价位于移动平均线上方，回档至移动平均线附近时，在移动平均线的支撑力作用下，使其再度上升。

而在下跌行情中，各移动平均线向下移动，当股价反弹至移动平均线附近时会在移动平均线的阻力作用下重新下降。

（3）在多头市场中，股价向下跌破 10 日平均线是卖出信号；在空头市场中，股价向上穿过 10 日平均线是买入信号。

（4）黄金交叉与死亡交叉：当两条不同天数的移动平均线相交叉时，如果是短期的移动平均线向上突破长期的移动平均线，称作黄金交叉，表示后市看好；如果是长期的移动平均线向下突破短期的移动平均线，称作死亡交叉，表示后市应看淡。

第 **25** 课

股 价 形 态

股价在上下波动的同时常组合成一定的形状，我们可以由此推断其未来走势的方向，主要分成两种情况：持续形态和反转形态。

1. 持续形态

持续形态就是股价在一定的时间内保持其一定的运行规律不变，只有到了一定的时间和位置才发生变化的形态。

持续形态可以有多种形式，如三角形、楔形、旗形、矩形等，但实际上要找到完全符合规定的股票形态的机会并不是太多。这里只介绍比较常见的一种情况，即股价总是回到某一价位的情况。

我们把一段时间内股票上升和下降的高点和低点分别连接，构成两条直线。因为股价总是回到某一价位，在坐标图上就成为一根水平线，随另一根线的位置不同，可以有三种情形：上升三角形、下降三角形和矩形，如图 13 所示。

在上升三角形中，股价每次达到一个高点就被打下去，但每次下跌的幅度都在减小，所以多数情况下会向上形成突破。突破点应该在距离顶点 1/3 处，如果离顶点太近则突破的力度会减弱。成交量通常从左到右递减，但突破时应放量。突破以后向上的涨幅应该至少为三角形开口处的垂直距离。

在下降三角形中，股价每次达到一个低点就反弹，但每次反弹的幅度都在减小，所以多数情况下会向下形成突破。突破点应该在距离顶点 1/3 处，如果离顶点太近则突破的力度会减弱。成交量通常从左到右递减，但突破时应放量。突破以后向下的跌幅应该至少为三角形开口处的垂直距离。

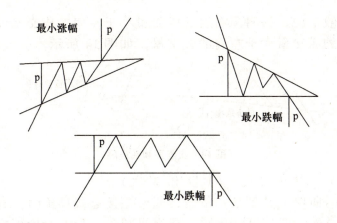

图 13　上升三角形、下降三角形和矩形

矩形一般出现在股票上升或下降的途中，股价上下都在同一位置折返，直到在某一位置形成突破。突破的方向不确定，以保持形成矩形以前的方向者居多。成交量通常从左到右递减，但突破时应放量。突破以后向上（下）的涨（跌）幅应该至少为矩形上下边的垂直距离。

2. 反转形态

反转形态是股价运行方向发生逆转的情况，由上升转为下降或下降转为上升，经常出现以下几种形式：

（1）头肩顶（底）。

头肩顶是指在一段时间内，股价走势形成的曲线中间位置最高，称为头部，两边两个次高点相差不大，像人的肩膀，所以称为头肩顶形。头和两肩之间两低点的连线称为颈线。

头肩顶是在股价上升过程中到达顶点后形成的。一旦形成，下跌的幅度常常至少为顶到颈线的垂直距离。

头肩底则与其相反，中间股价最低，两边两个次低股价，像头肩顶的图形倒过来。

头肩底是在股价下跌到达底部时形成的。一旦形成，上升的幅度也常常至少为底到颈线的垂直距离。

一般来说，头肩顶右肩的成交量小于左肩的成交量，而头肩底右肩的成交量大于左肩的成交量，如图 14 所示。

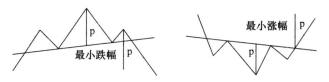

图 14　头肩顶和头肩底

（2）双重顶（底）（M 头和 W 底）。

有时股价上升到某一价位，通常是接近最高价时，有较大的成交量，然后股价开始下跌，成交量减少，接着股价再次上升到最高价，成交量却较少，形成双峰形态，称为双重顶（M 头）。多见于多头市场结束时。

反过来，当股价下降到某一价位，通常是最低价位后，股价开始上升，而一段时间后股价又一次下跌到原来的最低价位，再次上升时成交量却明显放大，形成双底形态，成为双重底（W 底）。

双重顶（底）和头肩顶（底）一样也有颈线，其作用也相同。一旦形成，将至少上升或下跌顶（底）到颈线的距离。

确认反转的形成须等行情突破颈线足够幅度（一般认为须 3％ 以上），但一旦发现确实形成突破，则应及时采取行动，买入或卖出，因为突破后股价将至少上升或下降顶或底到颈线的距离，如图 15 所示。

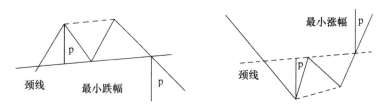

图 15　M 头和 W 底

（3）弧形顶和底。

弧形顶：股价上升相当幅度之后，股价升幅变得很小并逐步转为下跌，成交量明显减少，是卖出信号。

弧形底：股价下降一段时间之后，股价降幅逐步减小而变为逐步上升，成交量也逐步变大，是买入信号，如图 16 所示。

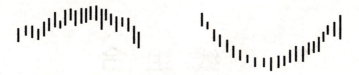

图 16　弧形顶和弧形底

（4）V 形顶和底。

在大利多或利空消息的刺激下，股价走势发生强烈反转，一般在一两日内完成。但必须有足够大的成交量才能予以确认，如图 17 所示。

（5）岛形反转。

由连续两个方向相反的缺口构成，即在一个向上（或向下）的大跳空缺口之后不久又出现一个向下（或向上）的大跳空缺口，这是股势强烈反转的信号。如 1995 年 5 月 18 日，股价一天之内向上跳空高开 100 多点，而 5 月 22 日又向下跳空 100 多点，这时虽然股价再次向上冲高，已是强弩之末，回光返照了。持仓的投资者须不计成本抛出，未买的也切不可再行买入了，如图 18 所示。

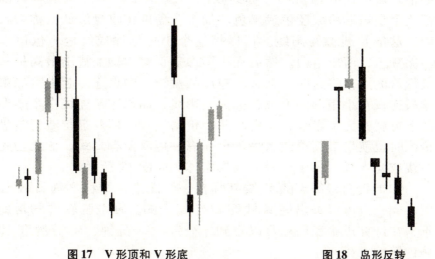

图 17　V 形顶和 V 形底　　　　图 18　岛形反转

第 26 课

K 线 组 合

在股市分析中最常用也是最重要的一种图就是 K 线图。它是通过对一段时期内股价变动情况的分析来找出未来股价变动的趋势。

1. K 线作图方法

K 线图由开盘价、收盘价、最高价和最低价组成。作图方法如下：

在坐标纸上先给出坐标，纵坐标是价格高度，横坐标是时间。在当天的位置上开盘价处画一条横线，收盘价处也画一条横线，再将这两条横线用两根竖线连起来，就构成了一个小矩形。如果开盘价比收盘价高，称为收阴，这条 K 线称为阴线。可以把这个小矩形涂成蓝色或黑色。如果开盘价比收盘价低，称为收阳，这条 K 线称为阳线。可以把这个小矩形涂成红色，也可以不涂颜色，留出空白。然后在小矩形垂直对称轴上找出最高价和最低价的点，将这两个点和小矩形的横线的中点连接起来。如果这条连线在小矩形的上方就称为上影线，如果这条连线在小矩形的下方就称为下影线，也有时两个价格重合，即开盘价或者收盘价同时也就是最高价或者最低价，有一边就没有影线，称之为光头线或光脚线。那个小矩形称为实体，如图 19 所示。

如果我们将每天的 K 线都画在一张图上，则称之为日 K 线图。同样也可以画出周 K 线图和月 K 线图。在电脑软件的帮助下，在计算机中我们还可以看到 5 分钟、15 分钟、30 分钟和 60 分钟等的 K 线图。

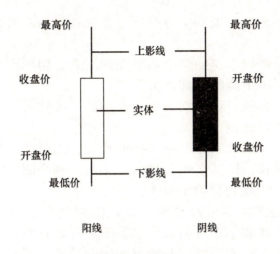

图 19　K 线阴线和阳线

2. K 线应用

通过对 K 线图的实体是阴线还是阳线，上、下影线的长短等的分析，常可以用来判断多空双方力量的对比和后市的走向。

一般来说，阳线说明买方的力量强过卖方，经过一天多空双方力量的较量，以多方的胜利而告终。阳线越长，说明多方力量胜过空方越多，后市继续走强的可能性就越大。

相反，若是收成阴线表示卖方力量强过买方力量，阴线越长，说明空方力量胜过多方越多，后市走弱的可能性就越大。

不带上、下影线的 K 线为光头、光脚的 K 线，这在股市上比较少见。它说明股市从开市到收市一路走高（或走低），后市自然一般将继续沿此方向前进。与此类似的是光头阳线和光脚阴线，至少说明了在收市前一方占了绝对优势，第二天继续占优的可能性极大。

如果说不带影线的 K 线说明一方占了绝对压倒优势，上、下影线的长度则说明了多、空双方斗争激烈的程度。影线越长，斗争越激烈。这时我们须将实体与影线结合起来看。

阳线带上影线，说明多方胜利得来不易，虽然暂时取得胜利，继续上升有困难。

阳线带下影线，说明空方打压的企图被彻底战胜，后市上升的可能性大。

阴线带上影线，说明多方虽然企图上升，但以空方的胜利而告终。自然后市下降的可能性大。

阴线带下影线，说明卖方势力在减弱，虽然买方未能战胜卖方，但再下跌可能性已不大。

自然我们还需比较影线与实体的长短，上影线、实体、下影线中哪一段越长，则其影响就越大。小阳线和小阴线的影响就不如大阳线和大阴线的影响来得大。

当 K 线的实体由于开盘价与收盘价相等或十分接近而变得很窄，而上影线和下影线的长度也差不多时，我们通常称之为十字星，这是多空双方力量暂时取得平衡的结果。因而往往是转势的前兆。但也有时只是上升或下跌过程中一个暂时的停顿。这时我们就必须把两个、三个甚至更多的 K 线放在一起来观察了。

如果十字星出现在连日上涨之后就可能是下跌的信号，而如果十字星出现在连日下跌之后就可能是上涨的信号。

T 字形 K 线是十字星的特例，如果它出现在连日上涨或下跌之后，所给出的转势信号就更加强烈。位于顶部的 T 形 K 线称为吊颈，倒 T 形称为射击之星，都是见顶回落的信号；位于底部的 T 形 K 线称为垂头，倒 T 形称为倒垂头，都是见底回升的信号，如图 20 所示。

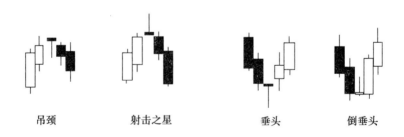

| 吊颈 | 射击之星 | 垂头 | 倒垂头 |

图 20　各种 T 字形 K 线

在经过一段涨升或者下跌之后，出现相邻两根长 K 线，如果第二根和第一根方向相反，而且是在继续上涨或下跌后反向前进，其达到的位置接近甚至超过前一根 K 线，则往往也是转势的信号。

在股价连续下跌之后，如果第一根是阴线，第二根是阳线，收盘时达到接近前一天开盘价的位置，叫作曙光初现。在股价连续上涨之后，如果第一根是阳线，第二根是阴线，收盘时达到接近前一天开盘价的位置，叫作乌云盖顶。两者都是反转的信号。

如果第二根 K 线包容了第一根 K 线则无论是阴包阳还是阳包阴，都叫作穿头破脚，其反转的可能性自然就更大，如图 21 所示。

曙光初现　　　　　乌云盖顶　　　　　穿头破脚

图 21　曙光初现、乌云盖顶和穿头破脚

在连续的三根 K 线中，当第一根是较长的阳线或阴线，如果第二根 K 线是十字星，或者是一根小阴线或小阳线，而第三根 K 线出现了明显的反转，这时可称其为黄昏之星（多翻空）或希望之星（空翻多），其特点是第一根 K 线较长，第二根很短，第三根与第一根方向相反并插入第一根实体之中。插得越深可靠性越大，如图 22 所示。

阴十字星和阳十字星　　　　黄昏之星　　　　希望之星

图 22　十字星、黄昏之星和希望之星

在实际分析中我们常常要研判较长一段时间 K 线图的走势，来找出股价可能前进的方向。例如，周 K 线图或月 K 线图，它们在分析股市上有特殊重要的意义。因为一天的走势容易受人为操纵所影响，而庄家要操纵周 K 线要困难得多。所以周 K 线有比较高的准确度。

3. 缺口

如果相邻两根 K 线在价格上不连续，即一根 K 线的最高价比另一根 K 线的最低价还低，这种现象称之为跳空，价格上断开的部分称为缺口。这是股价变动大的表现。在股价上升或下降的过程中出现缺口常会使原来的趋势变得更加强烈。在有重大利空、利好消息时，尤其容易出现大的跳空缺口，如图 23 所示。

缺口出现以后，经过一段时间，股价又回到缺口处，将原来空白的交易区填补上，称为补缺口或封闭缺口。封闭又分为部分封闭和完全封闭。

缺口可以分为普通缺口、突破缺口、持续缺口和竭尽缺口。

普通缺口是股价上下波动方向不明时出现的缺口，意义不大，通常会在 3 天之内被封闭。

突破缺口是在股价经过一段时间整理后找到了突破方向，向上或向下留下的缺口，意味着一段升势或跌势的展开。通常在一段时间内不会被封闭。如果股价回到缺口处，缺口在股价回档时有支撑作用，在股价反弹时则有阻力作用，以防止其被封闭。

如果突破缺口在 3 天之内未被回补，并且随后在该方向上继续出现缺口，则称这些缺口为持续缺口，它们表示该趋势将继续。但如果连续出现持续缺口，则有可能该趋势将要结束了。

在该趋势上出现的最后一个缺口被称为竭尽缺口，其特点是几天之内迅速封闭，伴随着成交量的异常放大或缩小，表示原有趋势即将结束。

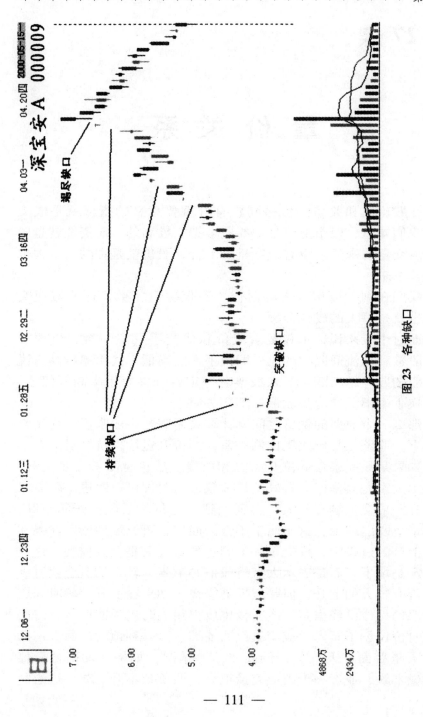

图 23 各种缺口

第 27 课

量 价 关 系

在股市上和股票的价格同样有着重要意义的指标就是成交量。我们知道，股市上涨是需要资金把它推高的。而资金就是股价与成交量的乘积，没有成交量的配合，股价就是虚的，上去也还会掉下来。

我们在判断股市大势的时候，不仅要看指数，还要看成交量，也就是每天的成交金额。

而对个股来说，不仅要看股价和成交手（股）数，更要看成交股数和总流通股数的比，即换手率的高低。换手率越高，说明该股的股性越活跃。买入股票时一定要选择换手率高的股票，而对换手率很低的冷门股最好不要去碰它。

那么一个股票的量价之间有什么关系呢？一般来说，在正常情况下，应该是量价成正比例关系，即价升量增，价跌量减。

如果某只股票在低位开始温和放量，股价也随着逐步上升，这表示大家尤其是庄家看好这只股票，这时便可以跟进。随着股价上升，成交量继续放大，直到达到一定价位后股价开始下跌，成交量也随之减少，这是属于正常的回档，可继续持股。如果在股价上升的过程中，成交量并不同步增长，而是上升较慢，这也不一定是坏事，而是表示大家持股信心增强，较少的资金就可推动股价有较大的上升，但是应提高警惕。如果在上升一段时间之后股票的价位已经很高，成交量也放得很大时出现回档后，二次冲高时价位创了新高，成交量反而萎缩，这是到顶的信号。俗话说"天量后面有天价"指的就是这种情况。如果在冲高之后伴有放量下跌，或者一天内成交量很大，股价却不升反跌，这通常是庄家开始出货，一定要坚决抛出。

有时股票的实际成交量很小，庄家用对敲来维持，也就是说，庄家在一个地方卖出大量股票的同时又在另一个地方大量买进，给人造成成交量放大的假象。我们在盘面上看到虽然有大笔成交，价格却没有变化或变化很小，这种股票不要买入。

第 28 课

技 术 指 标

技术分析中还有一种方法是通过对股市中各个量进行技术处理后得出各种技术指标，用于分析股市的动向。最常用的有以下几种：

1. 指数平滑异同移动平均线（MACD）

MACD 是在移动平均线的基础之上发展起来的。它的做法是先求出 12 天平均值和 26 天平均值的差 DIF，然后对 DIF 再求出其 9 天的平均值 DEA（也有的书上称作 MACD），为了更直观，还可求出它们的差 BAR。为了减少股价小波动的影响，计算平均值时不用简单的算术平均值而是采用指数平滑的方法，所以称为指数平滑异同移动平均线。

计算的方法是：

（n + 1）日的平均值 = n 日的平均值 ×（1 − a）+（n + 1）日的收盘价 × a。

这里 a 是平滑因子，a = 2 ÷（n + 1）。

DIF = 前 12 日平均值 − 前 26 日平均值。

再用上面同样的方法算出 DEA（MACD）= 前 9 日 DIF 的平均值。

即：第 9 日 DEA = 第 8 日的 DEA × 8/10 + 第 9 日的 DIF × 2/10。

BAR = DIF − DEA

画图时分成两部分，图的上半部分画 DIF 和 DEA。图左边的纵坐标是高度值，中间有一条横线是零，上面为正，下面为负。下面横坐标是时间。将每天的 DIF 和 DEA 连起来画成曲线。图的下半部分画 BAR，坐标的表示方法和上半部分是一样的，不过是从 BAR 的各点向中间的横线作垂线，当 BAR 是正值时将该垂线画成红色，而当 BAR 是负值时就把该垂线画成绿色，如图 24 所示。

我们在观察 5 日和 10 日、20 日平均线时就可以看到，当股价上升或下降时，短期平均线的变化更大、更快，所以短期平均线称作快速平均线，长期平均线称作慢速平均线。

DIF 就是快速线和慢速线的差值。当股价持续上升时，DIF加大，而当股价连续下跌时，DIF 减小。市场长期处于空头，快速线会穿过慢速线，DIF 也就由正变负，并且其负值加大。市场长期处于多头，慢速线会穿过快速线，DIF 也就由负变正，并且其正值加大。因此，DIF 的走势与股价的走势是基本相同的，只不过经过指数平滑运算，减少了每日股价波动的影响。

DEA 则可以看作是 DIF 的移动平均线，有和股价的移动平均线同样的作用。因而前面移动平均线的原理同样适用。

应用方法：

（1）判断大势。DIF、DEA 为正值时，大势属多头市场，反之为空头市场。

（2）DIF 和 DEA 发生黄金交叉时是买入时机，发生死亡交叉时是卖出时机。

（3）正 BAR 由长变短是卖出信号，负 BAR 由长变短是买入信号（但要注意防止庄家有意制造的陷阱，即在发出信号之后很快又回到原来状态）。

（4）顶背离和底背离。当股价不断出现新高时，DIF 和DEA 却并不配合出现新的高点甚至走低，称为顶背离，是卖出信号。当股价不断走低时，DIF 和 DEA 却并不配合出现新的低点甚至走高，称为底背离，是买入信号。

2. 随机指标（KDJ）

随机指标是股市中最常用的技术分析工具之一。因为它计算时不仅考虑了收盘价，而且考虑了最高价和最低价，能更准确、更迅速地反映股价变动的趋势，因而深受广大股民的欢迎，如图 25 所示。

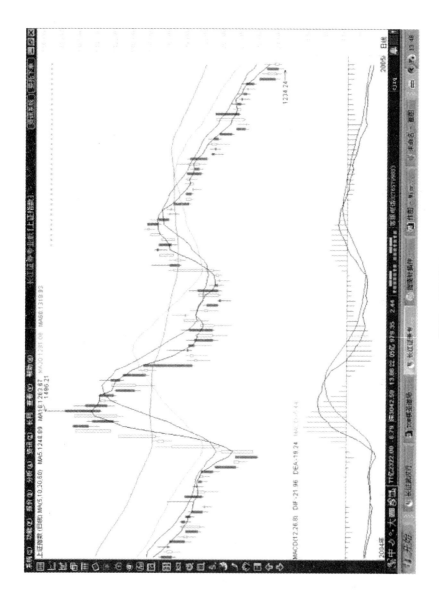

图 24　MACD

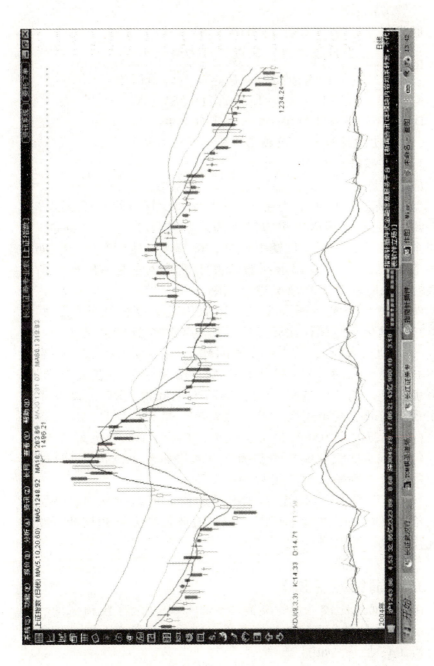

图 25 KDJ

计算方法：

通常以 9 天为一周期。先计算 RSV。

$$RSV = \frac{当日收盘价 - 最近 9 日内最低价}{最近 9 日内最高价 - 最近 9 日内最低价} \times 100$$

K = 2/3 × 前一日 K 值 + 1/3 × 当日 RSV

D = 2/3 × 前一日 D 值 + 1/3 × 当日 K 值

（注：初次计算时，可设 D = K = 当日 RSV）

J = 3K − 2D

应用方法：

（1）很多书上说 K 值在 20 以下是超卖区，可逢低买入；K 值在 80 以上是超买区，可逢高派发。但实际上有很大误差，尤其当个股很不活跃而又长期下跌时，K 值可以达到 5 以下；而在大牛市中 K 值达到 90 以上而股价并不下跌也是常有的事。所以 K 值的高低应根据实际情况进行判断。

（2）黄金交叉与死亡交叉：当股价处于高位或低位，两线距离拉开时交叉后往往比较准确。因为有时会连续交叉 2~3 次。

（3）顶、底背离：和平滑异同移动平均线相类似，即当股价不断出现新高时，KD 线却并不配合出现新的高点甚至走低，称为顶背离，是卖出信号。当股价不断走低时，KD 线却并不配合出现新的低点甚至走高，称为底背离，是买入信号。

（4）J 值大于 100 时是卖出机会，J 值小于 0 时是买入机会。

（5）周 KD 线有极高的准确率，如果再与 J 线和日 KD 线共同应用，对于判断大盘的走势很有帮助。

（6）KD 线用于判断正常情况下股价的升跌很有用，特别是在股价上下震荡时准确率较高。但在股票长期上涨和长期下跌时会钝化失效，这时候应改用其他指标。

3. 强弱指标（RSI）

RSI 是通过比较一定时期内股价的平均收盘涨数和平均收盘跌数的变化来分析买卖双方的强弱程度，也是股市上最常用的技术分析工具之一，如图 26 所示。

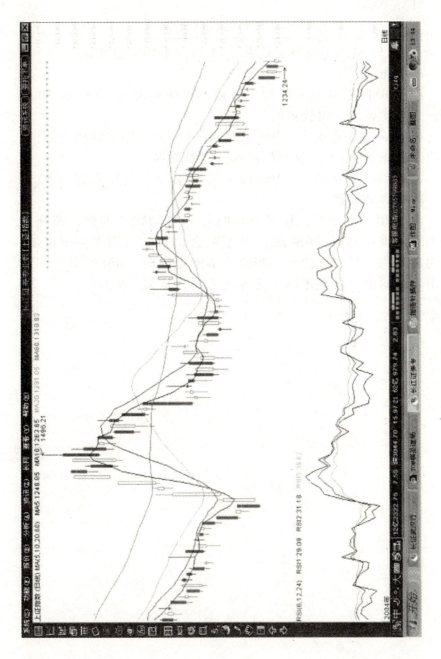

图 26 RSI

计算方法：

$$RSI = \frac{14\ 日内平均收盘涨数}{14\ 日内平均收盘跌数 + 14\ 日内平均收盘涨数}$$

应用方法：

（1）RSI 在 70 以上为超买区域，可逢高卖出，RSI 在 30 以下，为超卖区域，可逢低吸纳。

（2）在多头市场中，RSI 通常在 50 以上，即使回档也不深，很快又回到 50 以上，且回档越深，上升越高。

（3）在空头市场中，RSI 通常在 50 以下，如反弹超过 50 又会下跌，直到走稳。

（4）顶、底背离：和平滑异同移动平均线相类似，即当股价不断出现新高时，RSI 线却并不配合出现新的高点甚至走低，称为顶背离，是卖出信号。当股价不断走低时，RSI 线却并不配合出现新的低点甚至走高，称为底背离，是买入信号。

黄 金 分 割

1. 什么是黄金分割律

我们先看下面的数列：1，1，2，3，5，8，13，21，34，55，89，144，233，377，610，987，1597，2584，4181…

这个数列的特点是：每2个连续的数字相加等于第3个数字。这个数列就是人们所说的黄金分割数列。数列中的任意数等于它前面两个数字的和（首数除外）。随着数字增大，每个数字和它后面数字的比趋近于 0.618034……和它后面第二个数字的比趋近于 0.381966……每个数字和它前面一个数字的比趋近于 1.618034 ……和它前面第二个数字的比趋近于 2.618034……

以上这几个数字就是黄金分割比例中的重要数字。这些数字在自然界和人类社会中都起着重要作用，例如植物叶片生长的顺序、人体各部分之间的比例等。

2. 黄金分割律的应用

黄金分割比例数字在股市中应用时，最常见的是用作涨跌幅度的量度。即当股票上涨一定幅度以后开始下跌，其止跌的位置最可能是在涨幅的 0.382、0.618、1.618、2.618 几个位置上。反过来，当股票下跌一定幅度以后开始上涨，其停止上涨的位置最可能是在跌幅的 0.382、0.618、1.618、2.618 几个位置上，如图 25 所示。除此之外，跌幅和涨幅的整数位、重要分数位如1/3、1/2、2/3、2、3 等，整数的价位如 10 元、12 元等也经常是重要的支撑位和阻力位，如图 27 所示。

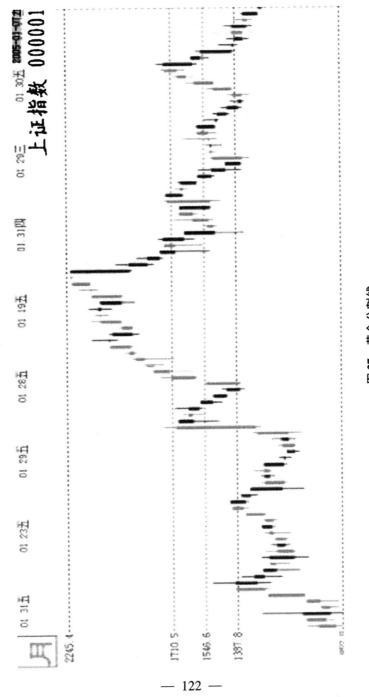

图 27　黄金分割线

3. 看时间窗口

黄金分割律的另一种用法是看时间窗口，股市中股价的升跌有一个特点是其间隔时间常有一定规律，或是遵守黄金分割律或是按一定周期运行。

一般以股市（股价）的两个高点或者两个低点之间的距离作为一个周期。我们可以注意观察，大多数股票的升跌都是有规律的，有的周期较短，只有 9～13 天，也有的较长，可以到一个月或更长。又如上海股市的一个周期为 5～7 周，误差一般在25% 以内。这样我们对同一只股票进行操作时，在一个高点卖出后就可以等到下一个买入点临近时再买入，而不要急于求成。

黄金分割律的用法要稍微复杂一些，取点时可以是高点之间、低点之间，也可以是高低点之间，总之各个相对的高或低点之间的距离大都遵从黄金分割的关系，即 5 天、8 天、13 天、21天……或是 5 周、8 周、13 周、21 周……或是 5 个月、8 个月、13 个月、21 个月等关系。

在寻找特殊点时通常是从已知的高点或低点出发，找出其他预期成黄金分割比例关系的日期。再从另一已知的高点或低点出发，也找出其他与其成黄金分割比例关系的日期。如果某个日期两次都被选中，则其成为相对高点或低点的可能性就比较大。选中的次数越多，则其成为相对高点或低点的可能性就越大。现在有的计算机软件中已经配备了寻找这种特殊点的方法，称为"螺旋周期"。

第30课

波 浪 理 论

1. 波浪理论的概念及基本图形

由美国股票分析师艾略特发明的波浪学说认为股票运动规律如同大自然的潮汐一样，后浪推前浪，循环往复。因此，投资者应该掌握波浪运动规律，应用于股市。

他认为，股市的波浪运动有周期性，一个完整的有升、有降的波浪周期由 8 个小浪组成，即上升 5 小浪和下降 3 小浪，如图 28 所示。

图28　波浪图

从图中我们可以看到，从 1 小浪至 5 小浪，波浪处在上升中，直到冲至最高峰，然后经 a、b、c（6～8）小浪下降，波浪退潮。

代表波浪总趋势的浪称为推进浪，与之方向相反的则是调整浪。

如果将 1～5 的 5 个小浪看成一个上升的推进浪，则 a～c 的 3 个小浪可以看成是它的下降调整浪。

在 5 个上升浪中，1、3、5 三个小浪是推进浪，2、4 两个小浪是调整浪。在 3 个下降浪中，a 浪和 c 浪是推进浪，而 b 浪是调整浪。

波浪有升降，循环往复。波浪可以合并为高一级的浪，也可以细分为低一级的小浪。股市的形态总体不会改变，时间长短也不影响浪态，但浪长、浪高可以变化。

可以认为一升一降为一个完整的波浪周期，上升阶段可以细分为 5 个小浪。而这 5 个小浪可以再细分为 21 个小浪甚至 89 个小浪。下降阶段同样可以分为 3 个、13 个或 55 个小浪。所以，完整的波浪周期可分为 2 个、8 个、34 个或 144 个浪。

艾略特有好些条数浪规则，首先最重要的是：

（1）第 3 浪绝不是推进浪中最短的一浪，通常反而是最长的浪，具有较强的推动性。

（2）第 4 浪的浪底，不能低于第 1 浪的浪尖。

其次比较重要的是：

（1）3 个推进浪中可能有一个浪延伸（波的运动放大或拉长），这时其余两个浪的运行时间和幅度会趋于相同或符合黄金比例。

（2）第 2 浪下跌不能超过第 1 浪的起点。否则就要按照其他方法来数浪了。

（3）推进浪可以分割成 5 个小浪，而调整浪通常以 3 个小浪的形态运行。

（4）推进浪与调整浪之间的比值关系是 0.618。

2. 各波浪的主要特性及操作技巧

第 1 浪：股市在长期下跌之后开始回升，这时仍处于股市底部。因而买方主力介入股市不深，而空方在惯性思维下仍不断卖出，因此，约有一半的第 2 浪调整的波幅较深，而其余的则较温和。

第 2 浪：回档可能较深，反映出股市人气悲观未散，观望心理比较重。其浪底可能是第 1 浪的 0.382 倍或 0.618 倍，因此是入市的良机。

第 3 浪：通常是最长浪，波幅大，时间长，入市者增多，成交量放大。第3浪浪幅一般能达到第1浪的1.618倍或2.618倍，是获取利润的主要时机。

第4浪：此时波浪在第3浪的推动下已趋近顶峰，但在获利者的打压下，进入了调整时期。其波形往往比较复杂，呈三角形、矩形等形状。股价略下挫，挫幅常为第3浪的0.382，但不会低于第1浪的浪尖。投资者应谨慎为上。

第5浪：浪幅上升的力量小于第3浪，虽然可能在股价上到达顶峰，而能量上却显不足（成交量上不去）。虽然市场上仍是一派乐观情绪，但头脑清醒者已经开始在为日后的下跌做准备了。

a浪：此浪是空头市场中第一浪，下跌的力度有可能不太大，并在不太长的时间后重又回升，让人以为这不过是上升过程中的回档而已。投资者往往盲目乐观，实际上这是多头陷阱，很容易诱人上当。

b浪：下跌后迅速拉起，股市仍将继续其下跌的过程。b浪是最后的逃命机会，投资者务必迅速撤退。也有时b浪并不出现太大的波动幅度，所以如果看清了股市下跌已成定局，应不计损失尽快离场，不要等待可能并不存在的反弹。

c浪：股市剧烈下跌，杀伤力极大，没有撤市的投资者损失惨重。但应看到，c浪的结束，又是一个新浪的开始。

波浪理论也许是股市理论中最有争议的一个理论。拥护者认为"在众多股市分析中，波浪理论是最好的方法"，反对者则认为波浪理论"没有对波浪的定义"，"波浪级别的划分没有客观依据"，"数浪规则和分析方法是主观的"。事实上，对沪深股市的数浪方法从来也没有完全统一过，各个专家都有自己的理解方法。但是按照波浪理论去观察股市大盘和各股，也常能得到一些有益的启示。所以和其他众多股市理论一样，可以作为参考，而不必拘泥于是否确实存在精确的144个小浪。

技术分析的应用

如果你家里有了计算机，并安装了适当的软件，当然就使得对于股市的大盘和每只股票进行技术分析变得轻而易举了，而且在有的软件中，使用者可以自己对各种技术分析曲线进行组合，形成新的技术分析方法。例如把成交量均线和成交价均线重合，就可以直接观察量价关系。

技术分析的方法很多，有兴趣的人可以找其他资料来看，并且最好选其中几种自己认为有效的方法坚持做下去。

基本分析和技术分析相比起来谁更重要？要看用在什么地方。因为股市的发展从根本上来说要靠经济的发展，所以只要经济不垮，股市就有发展的条件。但是股市在发展中有自己的规律，即使出现意外事件，即使是发生灾害、国家政策发生变化这样的大事，也不能改变股市发展的根本方向。应该承认，技术分析有相当的准确性，不然它就不会流传至今。但是它又有相当的局限性，这一方面是因为庄家往往用各种方法进行骗线；另一方面更重要的原因则是股市中永远是少数人挣钱，假如某个技术指标能帮助人赚钱，在少数人使用时有可能准确度很高；但是如果大家都知道这个结果，并且大家都照它去做，结果必定是该指标的准确度下降。所以一般大家都使用的技术指标的准确率不会超过 60%，如果再扣除手续费，你按照某个技术指标去做并获得成功的机会就不是太大了。

既然技术分析的准确性有限，那为什么大家还要用呢？

因为这些技术分析的指标今天已经被大家所熟悉，直接影响到很多人的操作。我们不了解这些，就不容易看懂股评。本书介绍的都是最常用的技术分析方法，都是从国外引进的。有人专门做过统计，如果严格按照金叉买入、死叉卖出的方法去做是根本挣不到钱的。所以我们不要教条地按照书上所说的方法去操作，而要进行自己的独立分析。

现在许多电脑股票分析软件提供了各种新方法，由于它们是根据中国股市的具体情况开发出来的，而且使用的人少，常常有较好的效果。例如用计算机选股，在一定条件下有较好的效果。不过要注意市场是在不断变化的，每个软件都有其适用的条件，在不同的条件下选用不同的软件，才有可能取得较好的效果。而在市场条件变化时又要及时跟上，不然就会吃亏。即使是很好的计算机软件，也难免有失误的时候。例如美国的对冲基金中索罗斯的老虎基金，在 1998 年遭受了重大损失，就是按照计算机的指示进行操作的。虽然他们使用了最好的计算机软件，但并不能保证在条件变化时仍能获胜。这就说明再好的技术分析方法也不能代替人的分析。

第 32 课

用计算机帮助炒股

在进入计算机时代的今天，一切股票交易都是在计算机中完成的，同时计算机也可以给我们提供所需要的信息，可以用软件进行技术分析，还可以上网进行网上交易。

用计算机获取信息可以从几年前到当前每天某只股票的交易情况，包括每个时段内的交易量、交易价格；从国内外重大财经政策信息到上市公司信息、各种股评等，可以说是应有尽有。常用的有以下几种方法：

1. 上网浏览

如今各大网站上几乎都有关于股市的信息，另外还有许多专门介绍股市信息的网站。前面已经介绍过了。

2. 股票软件

如今各个证券公司为了更好地为客户服务，都会提供免费股票软件供客户使用。最常见的股票软件有"通达信"、"同花顺"和"大智慧"等。每种软件又会有几个版本，客户可以直接从证券公司的网站上下载使用。下面我们就以"大智慧"软件为例，简单地介绍一下股票软件的安装和使用方法。

首先我们找到大智慧网站：www.gw.com.cn 或者你开户的证券公司网站，都可以下载大智慧软件。把该软件下载到你的计算机上后，找到软件所在的文件夹，将其打开并运行，就会在你的计算机上安装该软件。

大智慧软件主要有几个功能：浏览信息、了解行情和交易、进行股市分析等。在键盘上依次键入 F3 和 F10，可以看到国内外的重要政治、经济和金融信息，以及有关交易所及上市公司的各种信息。

要了解行情和公司情况，你只要在键盘上键入股票代码或者股票名称每个字的第一个拼音字母，就能在软件上得到这只股票的分时走势图，用 F5 可以在日线和分时走势图之间切换，用 F8 可以得到周线、月线、5 分钟线、15 分钟线等，用 F10 可以得到公司的情况介绍。

用 F3 和 F4 可以得到上证指数 000001 和深证指数 399001 的分时走势图。同样可以用 F5 和 F8 得到日线、周线、月线和 5 分钟线、15 分钟线等。

用 F6 可以得到自选股（自选股可以通过菜单上的工具自行设定）。

交易分为股票交易和基金交易两部分。股票部分交易的是在交易所上市的股票、权证、ETF 基金等，基金交易则是通过证券公司申购和赎回基金。还可以通过软件进行资金在证券公司和托管银行之间的调拨。

行情部分有大量技术指标等供股民选用，大家可以进行股市分析、选股等各种操作。

不过我们要注意对账户密码的保密，防止因被他人窃取而遭受损失。

除了大智慧软件之外，通达信和同花顺软件也有许多类似功能，键盘用法也都类似。

除了免费软件之外，这些公司还都提供收费软件，增加了一些功能，例如可以了解更多的买卖盘情况、资金进出情况、提供买卖点等。在网上我们也会看到有许多其他的软件公司提供免费或者收费的软件，可以选择使用。

但是再好的软件关键还是在运用，不要指望买到好的软件就可以代替人进行操作，往往在大盘形势好的情况下按照软件提示买到的股票都能挣钱，而在大盘形势不好时按照软件提示买入股票照样赔钱。所以只能把它作为辅助，不可过分相信推销商的赞美之词，把自己的命运押在软件上面。

炒 股 要 领

关于如何炒股，许多书上都有介绍，但往往让人读了以后不得要领，而且其中一些方法还是互相矛盾的，这是因为它们大都是从国外书上抄来的，不符合中国的实际。而我这里讲的都是根据作者亲身体会认为最有用处的一些要点。但是是否真的有用，还要靠读者自己来判断。这些要领往往不是看了一两遍就能读懂、读通的。最好是在经过一段时间的实际操作以后，回过头来再读，体会就又不同了。这时你会发现，做对时可能是符合哪条要领，而做错了则多半是未按哪条要领去做。这样，你就能前进一步。希望你能根据自己的经验体会总结出更多、更好的要领。

1. 不知深浅，切勿下水

看过一些书报，对股票有了基本了解，又办好了所有的手续，是否就可以开始买卖股票了呢？

正如各种证券报纸杂志上所写的那样，"股市风险莫测，据此入市责任自负"，在股市里到处都是机遇，而在机遇的背后则是风险。不要以为别人买股票赚了钱，你就一定也能，而不知道已经时过境迁，你再进去却只有赔本的份了。

所以奉劝大家"不知深浅，切勿下水"。可是，要知道梨子的滋味，还得亲口尝一尝，那么怎样才能获得真知呢？

我的建议是开始时你可以先模拟做一下，然后从少量做起。例如你有 5 万元，可以先用 5000～1 万元试做一下，千万不要一次全部投入。不然很可能把本输掉，或是长期套牢而无法再做。

2. 选好时机是在股市中获胜的第一步

重要的是选择入市时机。建议初学者选择牛市初期入市，如果做不到，也要选择在总趋势是股价上升的情况下入市。这样即使一时被套牢，也较容易解套。

千万不要在股价很高时跟风进去，当证券公司里人头涌动，股价飞速上涨时最容易被套牢。所以如果没有充分的把握，绝不可选这种时机入市。

股票不断下跌的熊市，有经验的人尚且被套牢，初学者更不宜贸然进去。

股市长期停在同一价位，盘整不前，这时进入股市，没有好的向导，也难取得收益。

3. 选好有潜力的股票，尽量不要追涨杀跌

对初入股市的人来说，应当尽可能选择那些处于底部、刚刚上涨的股票；而不要去追那些涨升已高的股票。这从股票的走势图特别是周 K 线图上很容易看出。因为即使是在股价不断上升的牛市之中，也有的股会不涨反跌。所以一定要选择那些确实有潜力、可望上涨的股票。如果你确定股市是向前发展的，你选定的股票也是向前发展的，那么就可以大胆入市了。

4. 一时套牢，切勿惊慌

尽管入市前做了各种准备，仍难免买了股票后即被套牢。只要不是跌势确立，建议你不要慌。有时在股市收盘时常会遇到恐慌性抛盘。只要你的股票不会大幅度下跌，不要轻易割肉出逃。短时套牢是任何人都难以避免的。最要紧的是要分辨你的股票是否趋势变坏？因为一只股票在刚刚上涨时，庄家总是会制造空头陷阱，以便把散户排挤出去。所以我们要有耐心、有信心，等待时机到来。天上有阴也有晴，股市上有跌也有涨，所以不要恐慌。等上几十天、几个月，一般来说，都有可能解套。

5. 捂紧上涨中的股票

许多人都有这样的经验，常常一买某种股票价格就下跌，或是某种股票刚一卖出去就上涨。这是因为没有看好方向，要看清你的股票是处于上升还是下跌时期之中。

市场上的股票那么多，你不可能做到对每只都熟悉，都做好。所以要选择几只好的股票，熟悉一段时间，掌握其升跌的规律。每只股票因其操作的庄家不同，常常有不同的股性。有的股票暴涨暴跌，也有的股票总随着大势走，每次大势涨它也涨，大势跌它也跌，但上涨和下跌的幅度都不大。

如果你确信你的股票有充分的理由上涨，那么购入之后就不要轻易抛出。即所谓牛市中不可做空。因为股市上每天有涨起的股票，你不可能把所有的果子都吃到，把你分到的果子吃到、吃好就应该满足了。通常一只股票从底部到顶部都要经过漫长的时间，至少几个星期，有时几个月甚至更长。只要你看准这只股票会涨，就要耐心持有，直到涨到顶为止。整天在股市中进进出出的人，很少有可能比选准一只股票做下去的人有更高的收益，而且往往是这些人输得最惨。

上海有一个人在嘉丰股票 1 元多时即购入，他自信这种股票可涨到 10 元，所以不管这种股票如何涨落，始终握住不放，一直等到 13 元时才抛出，得到了 9 倍利润。

如果你相信你骑的马是黑马，那么就不要轻易中途换马。丑小鸭也会变成美丽的天鹅，这是股市上的真理。

6. 建立止损点是在股市中避免损失扩大的最重要的方法

我们买进股票就是为了卖出，所以在买进之前就先要看好在什么时候卖出。卖出有两种可能，一种是挣钱卖出，另一种是赔钱卖出。出入股市的人大都不愿赔本卖出，但这虽然很不情愿，却是不可避免的。因为一旦你持有的股票从上升变为下跌的趋势确立，不管你是买入后就赔钱，还是曾经赚过钱而没有卖掉，现在只有尽快卖掉才是唯一正确的方法。在下跌过程中的股票，每一次反弹都是你出货的好机会。许多人往往把亏损的股票长期拿在手中，结果损失巨大。股票跌了还可以继续跌，不要以为价格已经很低就不会再跌了。14 元的股票可以跌到 4 元，你以为很低了，它却又跌到 1.4 元。所以一旦跌势确立，最好的办法是尽快出局。

通常我们可以用 10 天移动平均线作为止损点，也就是说当股价跌破 10 天平均线时就卖掉。在牛市中可以把止损点放宽些，在熊市中可以收窄些。

7. 因时因股，经常调整手中持股持币的结构

初入股市的人往往沉不住气，听别人说有只好股就想买，结果很快就把资金用光了。等到手里拿上了股票，一看到赚了钱就着急脱手。看到别的股票上涨又杀进去，结果是直到所有的股票都深度套牢，既没有钱也没有股票好做时，心里就踏实了，耐心等待吧。

其实这种心态是错误的，手里到底是持股还是持币好，要具体条件具体分析，如果是在牛市上升的初期，当然可以把钱都买成股票；而在股市下跌的过程中，则应更多地持币观望。如果你持的股票在上升途中，当然可以多拿一段时间；而如果股票是在上下震荡，那么就要见好就收。所以持股持币的比例要因时因股而定。

由于中国股市目前已经进入了大牛市中期，持股的时间可以多一点。但是出现调整也是经常发生的。

8. 机不要失，失还再来

股市上到处都是机会，就看你会抓不会抓。这正是它的魅力所在。有些人看到别人赚了钱，自己却赚不到而着了急，看哪些股票涨起就去追，结果是买一只套一只，弄得惨不忍睹。其实你应该有充分的信心，别人能赚到，我也能赚到，但不是跟风，而是要有独立的思考，看清机会后再买进，力求买一只成功一只。别人可能获得大的成功，但我也能抓住机会得到收益就应该满足

了。看准一个机会就坚决抓住不放，因为股市中并不是每天都有机会，尤其不常有被你看准的机会。所以如果看到了机会，就要赶紧行动，因为股市中的机会往往是转瞬即逝的。

但是如果未看准则宁愿不做。确信"机不要失，失还再来"。今天错过一次机会，明天、后天还会有新的机会。要知道，不买股票钱不会少，而一旦亏损50%，要赚100%才能补回来。因此，在股市上犹如逆水行舟，稍一松劲就会滑下去。

9. 分散投资，分段建仓，分批抛出

分散投资是说不要只买一种股票。万一发生什么情况会损失太大。当然也不要品种太多，初学者资金不太多时以买上 2 ~ 3 只股票为好。选择确实有潜力的股一直做下去，定会有所收益。

分段建仓是指在你对一只股票把握不大时可先投入一部分资金，如10% ~ 20%，如果看准了它确实上涨再逐步增加。但涨得越多越要少投，因为风险大。而下跌时越低可以买得越多。

当股票上涨到相当程度，获利不少时就该考虑是否该抛出了。不少人喜欢算账，算我已赚了多少钱，殊不知这也正是你该准备抛出的时候到了。只有到了口袋中才是真正赚到了钱。因为就在你计算赚了多少时，别人也在打着同样的算盘。一旦股票下跌，你原可到手的钱却又都从手中飞走了。

为了保险起见，你可以在股票上涨一定程度后先抛出一部分，随着上涨，逐步抛出，这样虽然看起来少挣了些，却是实实在在挣到了钱。

10. 卖坏股，留好股

有的时候股价上涨了一段时间，准备卖出一部分股票了。假如你同时持有两种股票，一种涨起来了，另一种却没涨，这时应该先卖哪种股票呢？

初学者往往是看哪种股票赚了钱就先卖哪种股票，实际上往往卖掉的股票继续上涨，未卖的股票却原地踏步不动甚至下跌。

股市上常有这种现象，叫作"强者恒强，弱者恒弱"，意思

是说越是涨起来的股票就越有可能继续上涨，未涨的股票却很可能长期不涨。这是因为原来价格比较低的股票在庄家将其价格拉起来以后，必须要有足够大的差价，才能让他从容出货或是赚到更多的钱。所以我们尤其不要在一种股票刚刚涨起来时就抛出。

所以我的建议是当你打算卖掉一部分股票时，把当前最不可能上涨的股票最先卖掉，而把最有上涨潜力的股票放在最后卖出。

我们卖股票时不要以买入股票时的进价为参照物，而要看这种股票是否有潜力，是否可能在未来一段时间内继续上涨。如果有潜力就继续保留，如果已经不大可能再上涨了就坚决抛掉，而不要管它是赔了还是赚了。不能做到这一点，就绝不可能成为一个好的炒家。

11. 多看少做

要在股市上有所收获，第一是选股，第二是选时。如果这两者都能选对，可以说是前途无量。但实际上真能做好的只是少数人，这说明做好不容易。为了减少错误，最好的办法是多看少做，看清了再做，看准了再做，看不好不做。

初入市者往往手上拿了钱就痒痒，恨不得马上变成股票给自己赚钱。尤其在看到别人的股票赚了钱时就忍耐不住，赶紧追了过去，却被套在那里解不了套。所以在买入股票之前一定要三思而后行，一旦看准方向，即使暂时被套也不要慌张，耐心等待解套时机到来。如果我们确实是在低谷时买了好的股票，那就不用担心它涨不起来，而且一定会有可观的收益。一年之内做上几次足矣，比整天泡在股市里强得多。

而当股票抛出以后也不要急于赶快买进，而是耐心等待下一次时机的到来。如果碰上大熊市，还可以买成国债放在那里，既可拿到利息，又可等待转机。许多人一天到晚卖了这种股票买那种，一段时间过后结算起来却没有赚多少钱，只是给券商多交了手续费，自己却没落下多少，成了券商的打工仔，弄得不好还赔上一大笔。

12. 头脑要清醒

众人皆醉，唯我独醒，这是股市中的写照。因为股市中赚钱的永远是少数人，喜欢跟风随大溜的人到头来都要赔钱。因此，如果你想在股市上获得成功，就必须自己动脑筋思考，不断学习，总结经验。

许多人爱听股评家怎么说，失败时又怪股评家说得不对。殊不知股评是人人都能听到、看到的。当股评家一致看好或看坏时，庄家只有反其道而行之，才能出奇制胜。不然大家都赚钱，钱从何而来？所以在一定时候必须学会逆向思维，才能找到方向。股评要听、要看，为的是开阔思路，了解市场动态。但要牢记的是，这些股评"纯属个人意见，仅供参考"。无论他们把某个股说得多好，你也要用自己的脑子想一下，是否真有道理，然后再采取行动。对周围的人也要采取这种态度，不管他们是行家还是和自己关系好的人，对其建议一样要进行分析。

还有最忌讳的一点是，一看到出现恐慌性抛盘，也不管三七二十一，就将股票尽数抛出；一看到某个股上涨很多，就立刻大量买进。这种追涨杀跌最容易吃亏上当。

其实并不是不可以追涨杀跌，而是在买卖之前你要先问一下自己，涨或跌的幅度有多大？是否肯定还会涨或跌到2%以上？因为在你买卖之前可能已经涨了或跌了相当幅度，以致在你买入时已接近最高价或卖出时已接近最低价，当你买卖之后不但不能获利，连手续费都收不回来。尤其买入时更要小心，因为在T＋1的制度下，买入的股票要等到第二天才能卖出，如果你在庄家拉高出货时买了个最高价，可能被深度套牢而长时间解不了套。所以头脑清醒才能不受蒙蔽，不为一时的假象所迷惑。

13. 时刻保持一颗平常心

一些工薪阶层收入者也开始拿出一部分钱投入股市，这是国家发展、人民生活改善的结果，也是投资意识的唤起。

但初入股市，看到每日大量的钱出入，可能自己一下子赚到一年的收入，也许几天之内损失掉好几个月的工资，这时一定要有足够的心理承受能力。

报载南京一人赚了钱成了傻子，这自然是得不偿失。

也有时你会感觉自己很不顺手，该赚的没能赚到手，不该输的却输了。那么可以来个暂停，恢复平静心情，总结一下，找找原因。不要一味蛮干，造成更大损失。这时当然先要保证你的股票不会出现大的亏损。

14. 长短结合，及时转向

市场的热点是不断变化的，要随时保持头脑的清醒，及时跟上变化的脚步。像市场从炒绩优股转为炒重组股，你就要及时将绩优股抛出，不要死抱住不放。有的绩优股经常被宣传为可以长期持有，但实际上也会大幅度下跌，当年著名的绩优股"深发展"、"四川长虹"都曾经大幅下跌过半。所以无论是做长线、做短线，都要根据实际情况而定，这是基本的道理。没有一成不变的股，灵活机动才是炒股的根本。

第三讲
股 市 操 作

第 **34** 课

转变理念，在股市中
立于不败之地

在这一节里要讲的是，如何转变理念，在股市中立于不败之地。你可能会说，前面不是说股市中大部分人都是要赔钱的吗？不错，按照国外的统计，股市中70%的人都会赔钱，真正挣钱的只是少数。而在股市不是上涨而是下跌的过程中，赔钱的人就更多了。

那么怎样才能在股市中获利呢？笔者认为赔钱的人主要原因是没找对自己的位置，究竟是来参加股市中的游戏，还是想到股市中来挣钱？这个根本理念不少人并没有搞清楚，所以总是亏本。

如果你想在股市中取得自由，于是努力学习，以为学的越多一定回报越高，那就错了。我们看到很多人每天在股市中摸爬滚打，用很多时间了解和分析各种信息，学习了很多有关股票的知识和技能，但到头来还是赔了个底朝天。那么是不是我们就不要去学习，就凭碰运气更好呢？

我们说，在股市中输钱的根本原因是你没有能跳出股市的圈子来看问题。俗话说："旁观者清"，古诗云："不识庐山真面目，只缘身在此山中。"我们花很大的力气投入对股市的研究，总想在股市中看清是要涨还是要跌，结果却总不能如愿。这就好比我们和高手下棋，尽管我们费了九牛二虎之力，尽力提高自己的棋艺，到头来还是输棋。这时我们就应该换一个位置，不是自己去下棋，而是坐到一边看别人下棋。学会下棋很难，但学会看输赢就要容易多了，两个高手下棋，我们在旁边看，虽然我们不能看懂每步棋是什么用意，但下到一定时候我们一定能看出是谁占了上风。股市中就好比有"多方"和"空方"两个高手在下棋，我们最好就在一边观战，等看清了是谁占了上风再决定该做什么。如果是"多方"胜了，我们就参加进去分享胜利果实，自然是悠哉快哉；如果是"空方"占优，我们就得赶快溜之乎也了。

所以劝那些在股市中总是输钱而不能挣钱的人赶快转变理念，我相信一定能够见到成效。其实好比学习防身术，扎扎实实地学上几手就够受用一辈子，如果是学了很多花架子，碰到坏人还是不解决问题。如果你对股市有兴趣，当然可以花很多时间去研究、去学习，不断提高自己的水平，争取也成为股市中的高手。但是在你真正成为高手之前，劝你还是只用少量的钱去练手，而把自己大多数用血汗挣来的钱放在一个牢靠的基础之上。要知道在股市里也和许多其他事情一样，靠的是悟性，并非多下工夫就能解决问题。好比下棋，很多人都会下，下得好就不容易，要想成为高手就更难。而即使是顶尖的好手，要赢棋还有一个心理的问题。我们看到国家围棋队一些选手虽然棋下得很好，但是因为心理过不了关，总是和世界冠军擦肩而过。股市也是一样，既有技术因素，也有心理因素，真正能够登顶的只是少数人。

笔者的意思并不是反对大家学习股市的知识，现在市面上有许多讲授股市知识的书籍，有些还讲得很精辟，对提高水平很有好处。但是在股市中获胜的概率和知识的多少并不成正比，虽然你学了很多基本分析、技术分析的方法，却不一定能运用好。这里给大家提供的就是最简单而又有效的方法，任何人都能学会，而且在股市中一定能获利的方法。但是否能够做到和是否愿意做到则要看各人的理解和选择了。

炒股获利的理论基础

炒股有三大要点：概率、资金管理和止损。这三者结合起来就构成了我们在股市中立于不败之地的法宝。而在这三者里概率起着决定性的作用，它是我们炒股获利的理论基础。

概率就是一件事情发生的可能性的大小。在世界上有些事情我们经过分析和判断，可以得出准确的结论，例如 1 + 2 = 3，明天早晨太阳会从东方升起等。但是有的事情则无法知道准确的结果，只能知道发生这件事情的可能性的大小。例如今年农业收成是否会好，世界杯足球赛谁能够拿到冠军等。这里讲一件事情发生的可能性的大小，就是其发生的概率。概率大的事情发生的可能性就大一些，但并不等于一定会发生。但是重复的次数越多，发生的可能性就会越接近概率的数值。例如我们把一枚硬币向上抛出，当它落地时有国徽的一面朝上的概率是 50%。但这并不是说我们扔两次就一定有一次会国徽朝上，甚至可能我们扔了 10 次却有 8 次不是国徽朝上。但是如果我们扔的次数多了，扔上百次、上千次、上万次，则次数越多，国徽一面朝上的次数就越接近半数。这就是概率的作用。

有的人把买股票和买彩票相比，认为买股票也是碰运气，买对了就能挣钱，买错了是运气不好。这里面有一定的道理，因为在买股票时确实也存在一个概率的问题，即使我们什么都不懂，单纯碰运气，也有可能在股市中买到好的股票。在美国有人做过一个试验，请一些专家对买入股票提出建议，同时找一只猴子随便抓几只股票，过一定时候来评定好坏，结果有的专家的战果还不如那只猴子。尤其在股市狂涨的时候，你随便买上一只股票，也很有可能挣到钱。

但是只靠运气并不能让人在股市中永远获胜，在中国股市刚开放的时候，敢于进去的人大都挣了不少钱，但是经过时间的沉浮，这些人又大都退出了历史舞台。因为股票有涨还有跌，单凭碰运气是不可能持久的。

买股票和买彩票不一样的地方在于：买彩票的运气是自己无法决定的，而买股票则可以通过努力保证有一定的成功率。虽然我们并不可能在股市中永远保持正确，但是如果我们能够提高其购买股票的成功率，这样一次、两次可能看不出来，但是经过一定时间，经过较多次数的买卖股票，就一定能够看出成效。这里面靠什么来取胜呢？靠的就是概率。

买彩票的成功率是很低的。假如卖100万张彩票，其中有10辆汽车，那么买一张彩票就抓到汽车的概率就是10/1000000，等于十万分之一，也就是10万个人当中才有1个人得到汽车；假如其中又有1000辆自行车，那么买一张彩票抓到自行车的概率就是1000/1000000，等于千分之一，也就是1000个人当中才有1个人得到自行车。因为彩票只是把大多数人的财富集中起来交给极少数人，所以买彩票能够致富的只能是极少数人，绝大部分人得不到好处或者得到的很少。只不过因为每张彩票的价值并不大，所以对于每个人来说损失并不大，即使买上很多彩票损失也有限。

而买股票则不同，股市中有买就有卖，如果随后股票涨上去，当然买的人心情舒畅，卖的人后悔莫及；如果股票跌下来就反过来了，卖的人得到了解脱，买的人则背上了包袱。但是股市中并不是像买彩票一样简单的财富再分配，因为股市中存在着虚拟放大，股票的价格上涨以后可以不再跌下去，结果就使大多数人都挣到了钱，例如当初"深发展"成立时发行了35万股，每股人民币40元，当时人们不敢买，而现在已经升值几千倍。上海股票综合指数从1990年的100点上升到现在的2600多点，上涨了20多倍；如果你那时买了股票一直拿到现在，一定是赚了钱的。这是因为支撑股市的是企业的业绩和大家的信心，当企业向前发展，而大家都认为这个企业能在未来给大家带来良好收益的时候，它发行的股票的价格就可以一涨再涨。只要经济向前发展，股市也就一定能够发展，所以股市能够吸引众多的人来参加。

但是股票有涨也有跌，而且跌起来也是非常厉害的，同样是"深发展"这只股票，在 1997 年 5 月市场价最高 49 元，而到了 2005 年 5 月最低只有 5 元多。是公司的基本面发生了巨大的变化吗？并没有，这里起作用的主要是股市的因素，因为"深发展"当初的价格已经过于偏离它的实际价值了。有的人以为买股票一定能够挣钱，就将大量的钱投入股市，结果损失了几万元、几十万元以致更多的钱的大有人在。可见要想在股市获得成功并非那么简单，关键是如果我们要想在股市中赚钱，就要争取使我们买卖股票的操作有较高的成功率。

虽然我们并不能保证每次买到的股票都能上涨；但是只要你按照正确的方法去做，买的次数足够多，买到上涨股票的机会就一定远远超过买到下跌股票的机会，而且能够在挣到足够的利润后再出局。

在买和卖的多个回合中，如果我们能够做到胜多负少，算起总账来自然我们就获胜了。那些在股市中长期闯荡的高手们，也并非能做到买股票时每次都取胜，他们靠的就是概率，在股市中赚钱的概率要大于赔钱的概率，最后就能保证盈利了。

第 **36** 课

如何买到上涨的股票

那么怎样才能保证我们买到上涨的股票呢？这里仍然要用到概率。包括选时和选股两个环节。选时又分为选势和选点两个要点，前者是选择切入市场的时机，后者是选择买入具体某只股票时的切入点。

股市是风险和收益并存的地方，但是并不一定是风险大时收益也大。有的时候风险很大而可能收益很小，也有的时候风险很小而可能收益很大。我们应当尽可能选择风险最小而收益可能最大的时候来买股票。

股票也是一样。有的股票收益可能很大，风险却不一定大。有的股票风险很大，收益却未必大。我们的目标就是要找出收益尽可能大，而风险尽可能小，或者说收益风险比尽可能大的股票。

前面我们说过，概率是说一件事情发生的可能性有多大。例如我们把一枚硬币向上抛，因为它有两个面，两个面中任何一个面落地的可能性都是一样的，所以落地时国徽一面朝上的可能性是50%。而连续抛两次，每次都是国徽一面朝上的可能性就只有25%了。那么在更复杂的情况下如何考虑概率呢？

如果一个口袋里有黑白两种颜色的球，4个黑的，6个白的。我们随机从中取出一个球，它是白的可能性就是60%，也就是0.6；是黑色的可能性是40%，也就是0.4。如果把这个球放回去后，第二次再随机取出一个球，它是白色的可能性仍旧是0.6，是黑色的可能性仍旧是0.4。而两次均为白球的可能性是 $0.6 \times 0.6 = 0.36$，而两次均为黑球的可能性是 $0.4 \times 0.4 = 0.16$。

那么我们随机从口袋中取出两个球时，其中至少有一个是白色的可能性就是 $1-0.16=0.84$。

从这个例子中我们可以看到，当两个概率重叠起作用时，比起单一概率的作用要大得多。所以我们要尽可能地使几个概率共同起作用。在买股票时就要几种方法并用。

简单地说，就是要在收益和风险比最大的时候买入收益和风险比最大的股票。

选势、选股、选点，这就是我们买股票时所应用的方法。如果这三点都做到了，你买入上涨股票的概率就能大大提高，就有可能在股市中获利了。

第 37 课

如何分析大盘形势

抓住大行情，我们称之为选势。

什么时候收益和风险比最大呢？自然是在股市上涨的牛市中。也就是说，在整个股市上涨，也就是大盘指数上涨的时候买入股票，要比股市下跌的时候买入股票要好得多。

而在牛市中又是在初期，也就是股票刚刚上涨的时候买入股票，胜算的概率更大。

所谓牛市是指所有股票在整体上是呈上涨的趋势，所以大盘指数上涨。我们首先要把它放在国家整体的政治、经济环境中去看。因为只有国家安定，经济向前发展，股市才有可能得到健康的发展。美国股市在 20 世纪 80 ~ 90 年代高速发展时期从 1000 多点上涨到了 10000 多点，靠的就是经济的持续、健康、快速的发展。而日本股市从 20 世纪 80 年代的最高点 38900 多点下来以后，一直没能重上 20000 点，是和日本经济的长期低迷分不开的。

但是国家经济发展又不等于股市一定也会同步发展。中国前几年经济发展很快，股市却一直低迷，让人觉得不可理解。其实我们不光要把全国经济的发展和股市结合起来看，更要把上市公司的发展和股市结合起来看。由于中国股市的错位问题、股权分置问题，使得市场中出现了大量泡沫，许多上市公司的股价远远脱离了其价值，所以出现价值回归是完全正常的。我们看到这几年虽然上市公司的盈利有很大增加，但大多集中在少数公司中，很多公司不但不能盈利，反而出现大面积亏损。这样的公司还停留在市场中，自然要拖股市的后腿了。

不过由于中国的经济在发展，国家需要股市来帮助国有企业的改革，要通过股市实现融资，所以股市也不可能永远低迷，也不会出现崩盘。因为国家的宏观环境不允许它这样做。

在中国股市的历史上有几次大牛市，以上证指数为例：

第一次为 1992 年，从当年开盘的 307 点上涨到 5 月的 1429 点，只用了 4 个多月时间；

第二次从 1992 年 11 月最低时的 386 点到 1993 年 2 月最高时的 1558 点，只用了两个月时间；

第三次从 1996 年 1 月最低时的 512 点到 1997 年 5 月最高时的 1510 点，走了将近一年半的时间；

第四次从 1999 年 5 月最低时的 1047 点到 6 月最高时的 1756 点只用了一个半月的时间；

第五次从 1999 年底的 1341 点上涨到 2001 年 6 月的 2245 点，时间延续了一年半。

最大的牛市则是从 2005 年 6 月的 998 点一直上升到 2007 年 10 月的 6124 点。时间延续了两年零 4 个月。

同样，在中国股市的历史上也有几次大熊市：

从 1993 年 5 月的 1380 点到 1994 年 7 月的 325 点，下跌超过 70%；

1997 年 5 月上证指数达到 1510 点，在 3 个多月后下跌到 1043 点。

而自 2007 年 10 月上证指在 6124 点到顶之后，虽然也有过上涨，但总的趋势一直是向下的，股价始终是被下降趋势线压制着，每次反弹的力度越来越小，所以反弹的高度越来越低。整个熊市已经持续了将近 7 年之多。而随着股市下跌，有更多的股民被套住，或者干脆退出股市。所以这些年来股市不被广大百姓看好，认为股市是个赔钱的地方，还是回避为好。

但是到了 2014 年年中以后，股价开始突破这条下降趋势线，虽然上升的高度还不高，但是新趋势的开始是明显可见的。这个历史趋势已经被不少人发现，并且变为行动了。

而自 2014 年 6 月以来，中国股市的新开户账户首次出现了大幅增长。国家的主要媒体《人民日报》和新华社都一再发表文章，认为股市应该上涨，有力地带动了人气。

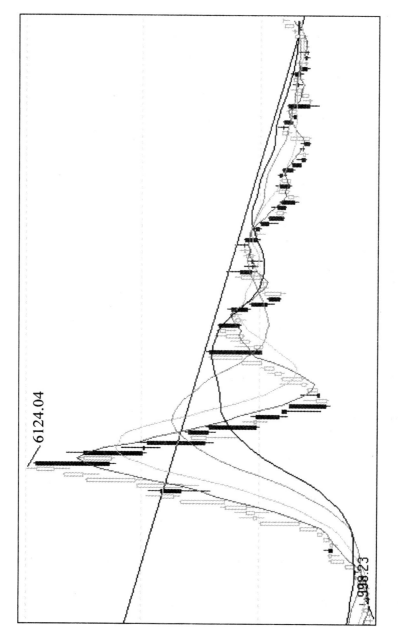

图 29　2005 年以来上证指数走势图（月线）

有些人认为中国经济正处于放慢的低谷之中，股市也好不到哪里去。其实在股市上人们炒的是预期，并非等到实现才炒。由于这些年中国的房地产市场已经炒得很高，能不大幅下跌就已经很不错了。而股市一直处于低位，许多股票价格已经跌破净资产价格，完全具备上涨的条件。同时拉升股市也能增加百姓收入、推动消费，是政府求之不得的好事。这样，在内外因素都具备的情况下，股市上涨也就不足为奇了。我们应该充分认识当前形势，抓住这个机会入市，而不要等到股市涨高了再进去。

假如股市的指数总是在一个范围内上下波动，而且我们买入股票时根本不做分析，只是随机地买入，那么买到上涨股票和下跌股票的概率应该都是 1/2。如果在经过一段时间后随机地卖掉，不计手续费的话，赚钱和赔钱的概率应该是一样的，而且做的次数越多，赚和赔的数目就越接近。

中国的股市这二十多年来股指走过了一个逐步上升的过程，沪股综指从 1990 年的 100 点上升到今天的 2000 多点，深股综指从 1991 年的 100 点上升到了今天的 3000 多点，如果在这十几年中随机地买入股票，又随机地卖出，并且不计手续费的话，从概率的角度来说，一定是会赚到钱的。

但是为什么大多数人在这些年中不但没有挣到钱反而赔了钱呢？原因是大多数人是在股价高的时候买进了股票，在股价低的时候卖出了股票，加上还要交手续费，这样当然就挣不到钱了。我们看到在股价很高时成交量大都很大，这时买入的大都是散户；而在股价很低时却成交量都很小，这时买入的大都是庄家。

其实股市中指数越高，股价越高，风险就越大，收益却不一定大；在股价下跌到无可再跌时风险不大，收益却可能很大。

所以在当前股价还比较低的时候买入，应当是一个好选择。

平时大家最关心的大盘指数就是上海综合指数和深圳成份股指数，以及深圳的综合指数。这几个指数综合起来就反映出股市大盘的升跌情况。

但是仅仅根据大盘指数来判断大盘形势往往还不够，因为有时庄家可以通过操纵大盘股来影响指数，所以最好是借助于电脑软件。现在许多电脑软件中都有这种功能，可以判断大盘是否真正在上涨，选用资金指标就可以看出，虽然大盘指数还在上涨，场内资金却在减少，显示庄家开始退却，这时我们就应该考虑撤退了。

大盘的走势可以分为三种状态：上升、下降和盘整。我们应该选择在大盘上升阶段开始时买入股票，而在大盘下降阶段开始时卖出股票。

在盘整阶段，如果你觉得有把握，也可以用少量资金参与，但切不可多投入，同时还要随时做好准备，一旦突破的方向确定时立即投入或是逃跑。

而在下降阶段则一定要将资金全部撤出，这才是万全之策。在下跌过程中很多人往往对形势抱有幻想，总觉得还能东山再起，结果越陷越深，深度套牢，这种教训不可不吸取。

实际上大盘的走势并不像个股那么复杂，在一个趋势确定了以后往往要走上相当一段时间才可能反转，因此我们完全可以来得及跟上形势，这是因为机构和庄家掌握的是大资金，没有足够的时间是根本不可能出局的。当大盘开始上涨时，如果对形势判断不清，宁可多观察两天，等看清楚了再进去不迟。当然也不可过分犹豫，错过了有利时机。

未来的股市很难再像 2006 年那样一直向上，一年之中大多是有升有跌。这样我们就必须在股市上涨的时候重仓甚至满仓持股，而在股市下跌时少持甚至不持股票。当然我们不一定要持币观望，可以把资金买成债券基金或做其他短期投资，如果合适的话，也可以参加申购新股。

我们的建议是，除了在大牛市中之外，一年里应保持相当的时间空仓，实际上很多机构就是这样做的。我们可以看到，在股指上涨时，大量外围资金流入股市迅速将股指推高，这时挣钱是最容易的；而在平时只有场内资金在使股价上下波动，经常是个股轮番上涨和下跌，这时要挣钱就不那么容易了。如果你愿意参与，也应该只用少量资金，才能避免损失，毕竟下棋不如看棋来得轻松。当然持币并不一定非持有现金不可，如果你估计等待的时间较长，就应该买成债券或做其他短期投资，因为那样既能获得收益，又能随时重新投入股市。

第 38 课

选　股

　　选股主要有两种方法：一种是价值取向，另一种是题材取向。

　　价值取向是"股神"巴菲特常用的方法：选择价格低于价值的股票，买入并持有，在价格高于价值的时候再卖出。巴菲特经常在买入一只股票后持有 2～3 年甚至更长时间，直到股票不能再带来新的盈利时再卖出。

　　用这种办法，巴菲特成为世界上最富有的人之一，他所在的镇上许多人因为买了他的股票也都成了亿万富翁，现在他的公司的股票是美国股市上最贵的，每股高达 8 万多美元。由于采用价值取向的方法选股，巴菲特在股市上曾经错过了不少机会，在前几年美国股市上网络科技股成倍地往上涨的时候他坚持不买，结果收益不佳；但是随后在纳斯达克指数从 5000 多点下跌到 1000 多点时也避免了损失。

　　有的人说中国股市上好的股票太少，这种方法不可能盈利。其实这种股票虽然少，但确实存在，我们看一下这几年"航天电器"、"中国铁建"等一批股票的走势就会明白，如图 30、图 31 所示。在股市不断下跌的过程中，这些股票却逆势而上，不断创出新高，原因就是背后有业绩做支撑。

　　当然，要找到这种股票并不容易，不能仅仅凭表面印象。例如"春兰股份"也曾被人们认为是绩优股，但是这些年股价不断下跌，原因就是公司这几年的业绩下滑，无法支撑其股价。基金大都是按照价值取向的方法来买入股票，为此它们要做很多工作，包括到公司实地考察、做市场调研、对公司财务报表做认真分析等。我们虽然不可能做这样多的工作，但是也应当尽可能搜

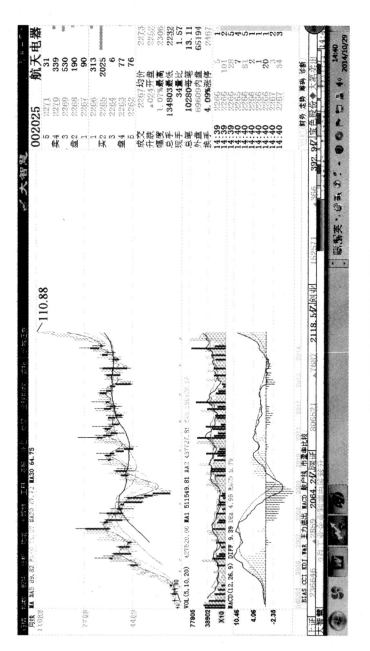

图 30 航天电器走势图（月线）

— 154 —

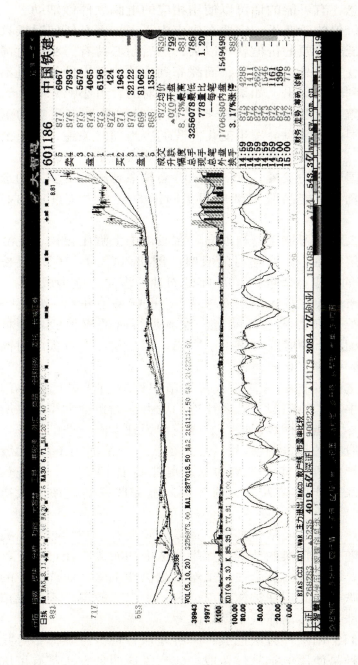

图 31　中国铁建走势图（日线）

集有关的信息，有可能的话可以使用相应的电脑软件做辅助。

选择有价值的股票不一定要在牛市中买入，而是任何时候只要股价确实低于股票的价值就可以买，然后耐心持有。买的时候不要一次满仓，而是越跌越买，而涨高到你认为高出价值并且不能再增加盈利时就卖出。如果你的选择是对的，丑小鸭总有一天会变成白天鹅，问题在于你的选择是否正确和是否有足够的耐心。当然公司的业绩也会发生变化，我们应当随时关注，如果公司价值下跌，不再高于价格，我们也要考虑卖出了。

随着中国股市的发展，价值取向将会越来越成为更多人的选择，因为毕竟只有能给股东带来切实回报的股票才是真正的好股票。

更多的人可能习惯于题材取向。在股市中上涨比较快、上涨幅度大的股票往往是具有题材的股票。例如 2002 年的网络科技股，2003 年的大盘蓝筹股，2004 年的石油、煤炭、电力股等。

因为股市中大多数人是"买未来"，也就是说并不一定要公司现在业绩好，只要将来好就行，也就是买所谓成长股、题材股。例如美国股市中的亚马逊网上书店，当公司还在亏损的时候股票就上涨到每股 100 多美元。

如果你选择题材取向，那么在牛市中就应当尽量选择热门股。因为在牛市中热门股上涨要比冷门股上涨的机会大得多，所以我们应该尽可能选择热门股，这样我们买到上涨股票的概率就比任选一只股票的可能性要大。假如在股市上涨时有 60% 的股票上涨，而热门股比其他股票的上涨可能高出 10%，则买进热门股票的上涨可能就有 70%。这样买入上涨股票的概率就大得多了。

股市中热门股是经常转换的，每段时间都有不同的热点。我们要及时跟随市场转换的节奏，如果你选中的股票已经过时，就要及时更换，不然就会被套住，虽然大盘仍然上涨，而你手中的股票却在下跌，尤其现在沪深股市已有一千多只股票，不像股市初期那样齐涨齐跌，动作慢了就要吃亏。

现在人们常用两种方法选股：一种是从各种信息媒体中寻找热点，另一种是使用电脑软件选股。应当说这两种方法都有可取之处，又都有其局限性。

　　每天各种报纸杂志、广播电视、网络短信中的股市信息可以说是多得不可胜数，各路专家纷纷向人们推荐各种股票，说得天花乱坠，我们应当如何来选择呢？

　　如果是在牛市中专家推荐股票，只要不是在后期已经涨得很高的时候，往往都能成功，但是我们也还是要经过自己的思考，否则很容易上当受骗。因为也有时是庄家要出货，你买进它就跌下来了。更要紧的是随时判断大势，不要在股市涨到头时去接最后一棒。而在熊市中，无论说得多好，建议还是不要买入。

　　应当说，使用电脑软件选股，如果设计得好，在一定条件下还是有相当的获利机会的。不过再好的软件也要人去掌握，所以还要加上自己的判断。另外，一个好的软件用的人多了就不灵了，因为市场上不可能所有的人都赚钱，所以在大家都应用同一个软件时，其效应就会大大下降，例如指南针软件里的筹码分布在初期非常有效，但时间长了，庄家也找到对付的办法，作用就不大了。因为用电脑软件选股大都是按照技术图形选点，而图形往往是庄家可以操纵的，所以很有可能掉入庄家设计的陷阱，我们必须要小心。

第 39 课

用电脑选择买点

选择买点，也就是选择买入股票的时机。虽然我们未必能选择到最佳的买入和卖出的时机，但是选择得好，往往会有一些差别，在盈利空间小的时候就更重要了。

选点主要是用技术分析的方法。技术分析的方法有很多，掌握起来比较困难，为此市场上有人设计了各种软件，用于选择切入的时机。

不过即使有电脑帮忙，我们也还是应当有自己的分析判断，才不至于出错。这里我们介绍最常见的选点方法：

我们先看股票的长期走势，通常使用周线图和月线图。在"同方股份"的月线图上，如图 32 所示，我们可以看到，在 2008 年 1 月股价达到顶点 188.49 元，而在 2008 年 11 月下跌到最低点 17.55 元，下跌了 90% 还多，但是这时机会也就来了。如果在最低点买入，在 2010 年 11 月最高股价达到 160.74 元。这时卖掉可以获利 80% 还多。

实际上我们当然不可能抓到最低点和最高点，但是如果我们能够根据 MACD 的提示，在出现死叉时卖掉，在出现金叉时买入，利润一定也是相当可观的。

从"同方股份"的日线图，如图 33 所示，我们可以看出，有三个较好的买点：

（1）从下跌转为上升的转折点。

（2）初次回档后再次上升的转折点。

（3）放量上升或者价升量不增的追涨点。

大多数股票的表现都和它相类似，这里的每一个点当然并不

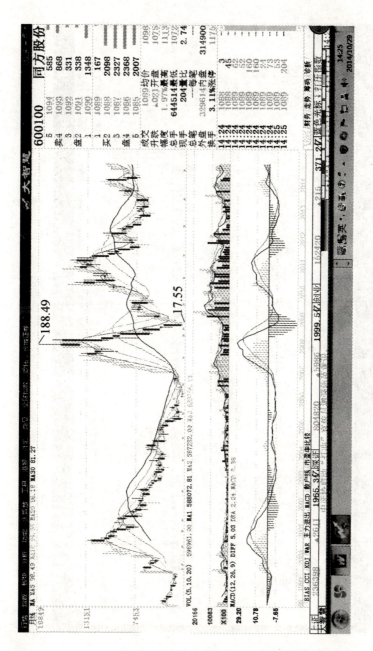

图 32　选择买点（月线图）

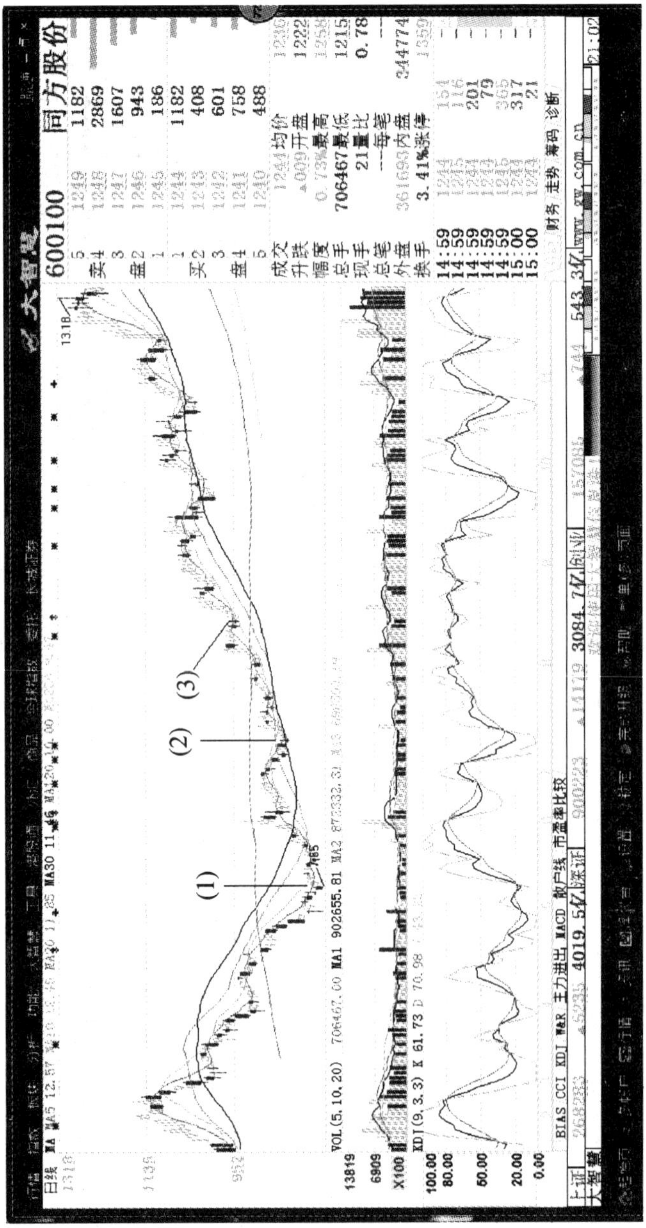

图 33　选择买点（日线图）

一定就是在一个价位，而只是位于该价位附近的一个区域，我们总可以在其中找到买点。当然每种股票上升时的表现也不尽相同，有时不存在回档的情况或者存在不止一次回档。

如果你是上班一族，没有很多时间去做短线，可以从长计议，选择那些有上涨潜力的股票，买进后在手中持上一段时间，不涨不抛。

如果你是做短线，你可以头一天在家里计算好第二天股票可能的价位，在第二天股票开盘之前就下单买好或者随时监视价位变化，在股价达到自己预定的价位时就买入或者卖出。计算时一种是以前一天的收盘价为依据，另一种是以 CDP：

$$CDP = (H + L + 2C) \div 4$$

H：前一日最高价。L：前一日最低价。C：前一日收市价）的方法求出第二天的可能价位。如果你有时间，又有实时接收的股票软件，那么用 30~60 分钟的 KD 线选择买卖点，常有很好的效果。

现在不少电脑软件都提供了预警功能，在股价达到你的预定价位时就发出警报，使你不至于错过最好的买卖时机。

最重要的一点是不要受市场气氛的感染，不要本想买入一只股票，可看到它下跌就不敢买了。其实下跌正是买入的好时机，只要股票的基本面没有变化，就应当大胆买进，即使暂时被套也没有关系。

第 **40** 课

买股票的要领

将买股票的要点总结成这样几句话：大势不好不买，股票下跌不买，股价涨高了不买，不是热点不买，看不清不买。

大势不好不买，是奉劝散户股民不要和主力庄家较劲，当大势不好时，买到上涨股票的机会要比大势向上时少得多，何必要为那小机会去冒大风险呢？股票市场虽说是机会与风险共存的地方，但并不是任何时候都机会均等的。只有当机会大于风险时才是投资的好时候。那么大势不好的时候我们该怎么办呢？最好的办法是把钱移作他用，例如买成国债。只有善于等待的人才能在股市中找到机会。一年中总是满仓的人未必能挣到钱，在股市出现大牛市之前，空仓率至少保持在 30% ~ 50% 才是正确的。

股票下跌不买，是说即使股票到了低位也不要急于买进，因为低了还可以更低，只有股票不再下跌才是真正到底，可以考虑买进了。股票正在下跌之中固然不要买，因为抢反弹是最危险的；而即使不再下跌，但长期处于横盘中的个股也不要急于买，因为这样的股有可能向上也有可能向下，所以应该等看清方向后再买。这样虽然可能少挣一些，却避免了被套牢的危险。不过这主要是对有时间看盘的人来说的，如果你没有时间，那么也尽量选择已经到底跌无可跌而质地又较好的股票当作长期投资，来个守株待兔也未尝不可。

股价涨高了不买，是说股价涨得太高不要买。有的股票你可能已经挣到钱后就出来了，但它继续上涨，你忍不住又杀进去，结果被套牢了。其实股市中机会永远存在，股价已高的股票虽然机会仍可能有，但风险也已加大，还是不要冒险的好。

不是热点不买，是说股市上每个时期总有其热点，一只股票的上涨常会带动与其相关的股票一同上涨，追逐热点会使我们的成功率提高很多。有些股票热过一段时间后开始退潮不再上涨，就不要再买入，而原来持有的热门股在降温之后也要及时抛出。

看不清不买，是主张我们不要总是满仓，在获利股票卖掉之后，应该留出一段时间等看清形势再进去不晚。股市中的机会永远存在，一旦被套牢机会也就失去了。我们买台电视机，买个电冰箱甚至买件衣服都要选来选去，为什么那么贵的股票仅仅是因为听了某人一句话或者看好某个图形走势就急于买进呢？

那么什么时候该买入呢？同样也有几句话：股票见底回头可以买，均线向上发散可以买，初次回档可以买，量价俱升或者价升量不增可以买，涨停不跌可以买。

股票见底回头可以买，当然大家都同意，问题是如何判断股票是否已经见底？一是下跌时间是否已久，下跌空间是否已大，例如下跌了 50%、70%？二是技术指标是否已经超卖？三是股价是否已经开始回升？四是是否开始放量？这些都是见底的信号。

均线向上发散可以买，是说均线开始向上发散是一个好买点。因为中国没有做空机制，庄家要挣钱只有将股票拉高，所以均线向上发散是必经之路。

初次回档可以买，是说如果股票刚上涨时没有发现，等看到时它已涨上去了。这时候可以等它回档。一般来说，股票很少能一鼓作气冲上去的，所以第一次回档是最佳买入点。

量价俱升或者价升量不增可以买，量价俱升，说明大家都看好这只股票；而价升量不增说明持有者都不想抛，所以一定还有上涨空间。即使有时已经上升了一定幅度，也常常还未到尽头，如果持有这只股票也不要急于抛出。

涨停不跌可以买，股票下跌久了以后常有超跌反弹，甚至拉出涨停，涨完以后继续下跌。如果不再下跌，说明做空能量消耗已尽，或是已有庄家开始吸货，所以也就可以考虑买入了。

第 **41** 课

资 金 管 理

　　资金管理的意思是说我们不仅要认真选择股票，仔细选择买入的时机，而且还要根据形势来安排资金的用量。要知道选择适当的股票并买入并不是任何时候都可以做到的，有的时候就很难选到符合要求的股票，这时的关键就是要把握好资金管理，在收益风险比大时增加资金使用量；而在收益和风险比小的时候，减少资金使用量，这样实际上就增加了获取收益的概率。或者说当股市情况好时增加持股量，而在股市情况不好时减少持股量，这样自然就可以减少损失。

　　资金管理是我们投资股票中的中心环节，因为买卖股票都可以靠电脑帮忙，而资金管理则是要靠我们自己去把握的。

　　很多股民进入股市后走的都是同样一条路：股市刚刚开始上涨时不敢买股票，经过一段时间观察后发现在股市中的大多数人都挣了钱，于是也开始向股市进军。第一步是买进股票后股票上涨，账面上开始挣钱；第二步是上涨不多股票就开始下跌，感到不满足，认为股票还会涨回来，于是拿在手里不卖；第三步是股票跌破买入的价位，于是投机变投资，长期套牢解不了套；第四步是经过漫长的套牢阶段，好容易才解了套，于是赶紧卖掉跑出来；第五步是手里拿着钱却看到股市还是一直在上涨，忍不住又杀了过去，于是又开始了新的五步曲。

　　从资金管理的角度，我们可以看到，大多数散户股民是手里拿着钱的时候心里总不踏实，一天到晚听到别人说这个股票好，那个股票好，于是总想买一些试试看。等到股票被套牢时却心里踏实了，反正就拿在手里等着解套，不解套就不出来。这种心态自然是很难在股市中获胜的。

因为从风险和收益比的角度来看，股市的指数上升得越高，风险就越大，我们只有减持手中的股票，才能避免风险，增加收益。

如前所说，一年之中大势有涨有跌，我们应当根据大势的情况注意调整自己的持仓量。当大盘上涨时可以一路持有股票，而当大盘下跌时应坚决清仓出局。当然这里说的是大势，并非短时间的调整。如果大盘出现盘整，在一定区间内上下波动，我们则可以用少量资金做高抛低吸。这样除非碰到像2006年和2007年那样稳步上扬的情况，持股的时间可以多一些，否则算总账应当是在一年的时间内持币的时间多于持股的时间，才有可能获得较好的效果。

就是在大势上涨的情况下，我们也不要一次就把资金全部投进去，为了避免风险，我们可以采用三三制，就是在购买股票时把自己的资金分成三份，先用1/3的钱购买。因为第一次购买时往往是大势刚刚转好的时候，还不能完全确定大盘的方向，所以只用资金的1/3，如果万一方向看错，损失也不会太大。经过一两天后，看到大势及自己购买的股票走稳，就可以继续加码买进。

这1/3的资金也不要集中投向一只股票，而要将其再平均分成三份，选择购买三只不同的股票，最好是在板块、流通盘大小、价格等各方面都不完全一样的股票，借以分散风险。价格高的股票就减少股数，而价格低的股票则可以增加股数，让三种不同的股票在资金上而不是在股数上保持大体相等的数量。因为这是经过我们精心挑选的股票，又是在比较好的时机买入，应该有比较高的成功概率。我们希望至少有两只成功，这样就可以继续持有，而另一只即使走坏，也可以抛掉而不可惜。就算它下跌了10%，因为这只股票的资金在所有资金的总量中只不过占10%多一点，所以总的损失也就只有1%多一些，不至于伤筋动骨。

在风险控制上，对个股和对大盘是一样的，也要不断调整持仓量，在一路上涨时可以持仓不动，而在滞涨和有下跌倾向时则应减仓，可以先卖掉一部分，如果形势转好再补回来，而在形势不好时则坚决全部卖掉。

　　资金管理是保证我们在股市中获胜的中心环节，只要我们手中经常拿住的是钱和上涨的股票，即使有少量被套的股票也是套得不深并可能在不久的将来继续上涨的股票，这样就能保证我们能够继续在股市中战斗下去。如果手里拿的都是被套已久，不知哪天才能解套的股票，那么不但在资金上难以承受，对自己的信心也是极大的考验。那么怎样才能避免被套呢？这就要用到我们下一节中将要讲到的"止损"了。

第 **42** 课

止　损

　　能否正确止损是我们能不能在股市中获胜的关键，正确管理资金要求在股市开始上涨时把资金投入股市，而在股市开始下跌时撤出股市，这只有及时止损才能做到。否则资金被套牢，想撤也撤不出来了。俗话说，在股市中会买是徒弟，会卖才是师傅。而要从徒弟变成师傅，关键就是要学会止损。这里的止损是从广义上说的，因为不光是股票上赔了钱才要止损，即使你已经在账面上挣了钱，还要把它变成实实在在的收益才算真正挣钱，否则因为股票出现下跌，使你失去了原本应拿到手的利润，这也是一种损失。

　　我们在每次买入股票之前，除了寻找合理的价位，根据自己的资金和大盘的走势确定购买的数量之外，必不可少的一点就是设定止损位。没有设定止损点或者虽然设了止损点却没有及时止损出局，是股票被高度套牢的根本原因。

　　每次买入股票时，止损点一般可初步设为买入价格的 5% ~ 10%，根据具体情况可上下浮动。假如我们买入股票后，股票的走势和我们原来预期的相反，达到止损点之后，我们就应该止损离场，如图 34 所示。

　　止损点设定时的位置可以根据具体情况做一定的浮动。一般来说，当大盘形势好时止损点可定得高一些，大盘形势不好时定得低一些；做长线或股票单边上扬时可定得高一些，做短线或股票上下震荡时可以定得低一些；股票刚刚上涨，还未脱离底部时可以定得高一些，股票已经涨高，有出货危险的时候可以定得低一些。假如我们买到的股票开始上涨，脱离了原来所定下的止损

— 167 —

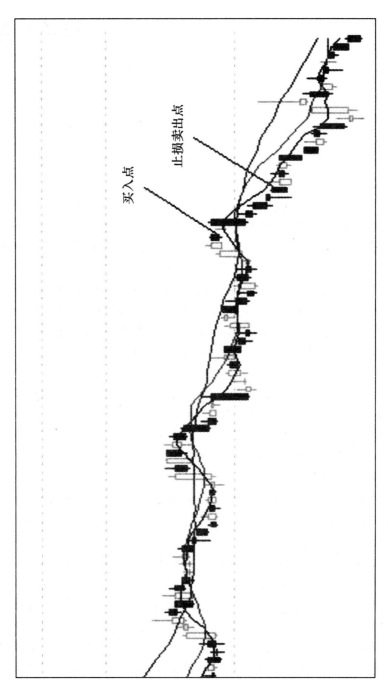

止损卖出点

买入点

图34　低位止损

点，我们也就从止亏止损转入获利止损。这时我们应当怎样来确定止损点呢？

这时应主要是根据大盘的形势和股票的走势，而不是根据股价来确定止损点。

一般情况下我们有几个选择：

一是以上升通道的下轨做止损点，因为如果股票维持上升趋势，即使有震荡、有反复，我们都可以持股不动，而一旦它不再上升，而是破位下行，我们当然就没有理由继续持股了，如图 35 所示。

二是用移动平均线设定止损点。均线有多种，一般在形势好时可以用 20 天或者 30 天均线做止损点，形势不好时可以用 10 天均线做止损点。而均线完全破位向下发散则是凶多吉少，应该赶快不计成本卖出离场了，如图 36 所示。

三是根据一些技术指标破位确定止损点，常用的有 KDJ、MACD 出现死叉，SAR 发出卖出信号等。各种股票的点位因庄家的手法不同而表现不同，要根据具体情况来定。不过一般来说，技术指标完全走坏已经是最后的逃命机会，就不要再抱有幻想了，如图 37 所示。

获利止损可以分几次执行，并不一定要在一个价位上执行完，尤其在持股的数量比较大时更是如此。例如均线可以取 10 天均线和 30 天均线分别作为第一止损位和第二止损位，在股价跌破 10 天均线时先卖出一半股票；如果股票继续下跌，跌破 30 天均线后再卖出其余股票；如果不再下跌而转为上涨，则可以继续持有。这样既可以减少损失，又不放弃机会。现在不少电脑股票分析软件都提供了"预警功能"，当股票的价格达到你所设定的价位时，它会自动发出警报。当然这需要应用实时接收的股票软件，并且随时接收行情。由于股票下跌时往往很快，用这种方法可以帮助你把握住卖掉股票的机会。

执行止损是减少损失、及时兑现获利的关键一步。因为看到自己买入的股票不涨反跌，往往容易抱有幻想，希望它重拾升途，结果贻误了及时卖出的时机。"小不忍则乱大谋"，我们今天承认打了小败仗是为了明天获取更大的胜利，损兵折将伤

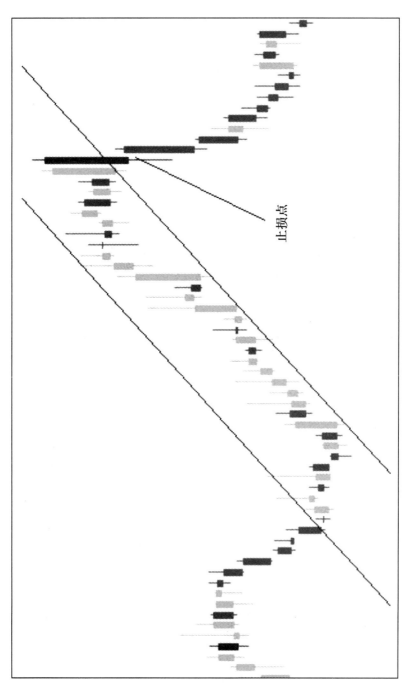

图 35　高位止损 1（上升通道破位）

止损点

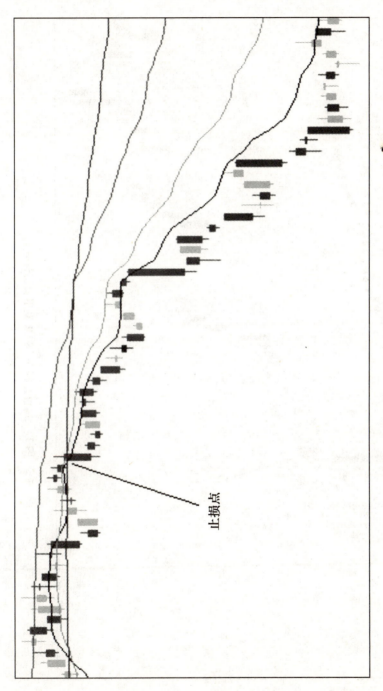

止损点

图 36 高位止损 2（均线破位）

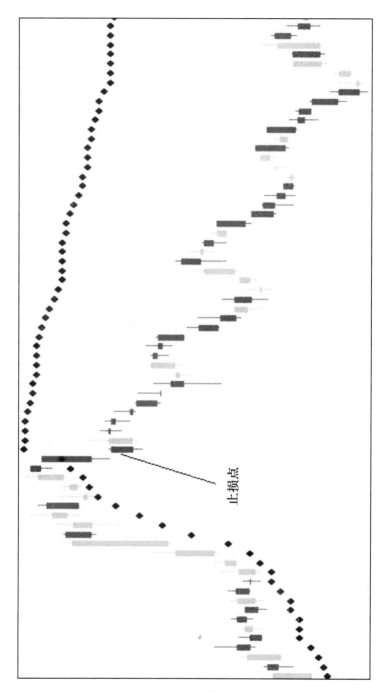

止损点

图 37 高位止损 3 (SAR 发出卖出信号)

了元气，也就无法继续战斗了。我们在股市中取胜并不一定要做常胜将军，在总的概率上取胜，胜多负少是我们的目标。遵守纪律是取得胜利的必要条件，战场上是如此，股市中也是如此。

第 **43** 课

为自己在股市中定位

在本书的最后，还要提出一个忠告，就是想进入股市的人，先要对自己进行考核，看自己是否适于在股市中投资。好比开汽车，大家先要通过考试取得驾驶证后再上路。但实际上仅仅在驾校学习是远远不够的，有些人拿了车本但并未真正学会，结果成了名副其实的"马路杀手"，对别人对自己都很危险。股市中也是一样的，不要以为看了一些书，懂得了一些知识而且买了一些股票获得成功，就毕业出徒了。其实股市中复杂得很，一旦形势发生变化就抗不住了。

要知道在股市中赚钱的永远是少数人，你首先要搞清楚你是否属于这少数人？你的看法是否与众不同？如果不是，那么风险就随时在等着你。和股市较劲好比和高手下棋，而且市场是最高明的棋手，无数聪明人都败下阵来，你就那么自信比别人都高明吗？

这里针对股市中的种种理论，提出一个理论就是"学不会"理论，也就是说，对于绝大多数投资者来说，股市理论是学不会的，无论下多大工夫也是一样的。原因就是股市永远是少数人挣钱的地方，虽然在大牛市中一时可能大多数人都挣到钱，但不可能持久。长远来说大多数人都要赔钱，那么学习和不学习并没有区别。只有少数具有天赋或者有财运的人才能从中脱颖而出。

要在股市中获胜，保持正确的理念和好的心态，远比掌握分析股市的技术和方法来得重要。而实际上这些技术和方法又不是大多数人所能学会和掌握的。要真正学会，除了悟性之外，重要的是实战经验的积累，这也不是一般人所能做到的。

而在心理上，因为买卖股票时用的是你自己的钱，要不受影响是不可能的。对大多数人来说，股市中好像存在着一种魔力，推动着你朝错误的方向走，这就是心理的作用，大多数人是无法抵抗这种魔力的。

有人主张对股民加强培训，让大家多学习一些知识，掌握一些本领，就可以避免在股市上的风险。但我认为这是痴人说梦，股市中永远是少数人赚钱的地方，即使是在牛市中，大多数人无论怎样学习也赚不了钱。

股市中获胜的根本不在于"战胜庄家"，而在于"战胜自我"，如果你认为自己的确与众不同，能够战胜自我，从容面对股市的各种陷阱，躲开各种风险而获利，那么你可以继续学习，争取在股市中获得自由。

本书中所有的做法适于普通股民，而非高手。真正的高手可以全年满仓，随时获利，但这种人是极少的。建议初入股市的人先按照这本书所讲的方法去做，看是否能够盈利。如果不能，再检查自己是否都做对了，问题出在哪里。只要你是按照正确的方法做了，就一定能够盈利。但是如果你做不到，那也很正常，因为大多数人都做不到。那么，还有一个建议，就是在股市中做一个"傻瓜"。"傻瓜"认死理，不被任何影响所动摇。有两种办法：一是每年在股市最低迷的时候选择一两种合适的股票买入，等到涨起来后卖掉，然后罢手，等待来年；二是选择一种确有价值的股票，买入后设定一个价位，无论如何涨跌都不动心，直到达到目标位为止。

如果你还做不到，那么最好离开股市，要么找有经验的人帮忙，使自己脱离心理陷阱，千万不要盲目把大量资金投入股市，不然是很危险的。

附录1

上海证券交易所上市股票
（中小企业和创业版）

沪 市

浦发银行 600000	保利地产 600048	东风科技 600081
白云机场 600004	中国联通 600050	海泰发展 600082
武钢股份 600005	宁波联合 600051	＊ST 博信 600083
东风汽车 600006	浙江广厦 600052	＊ST 中葡 600084
中国国贸 600007	中江地产 600053	同仁堂 600085
首创股份 600008	黄山旅游 600054	东方金钰 600086
上海机场 600009	万东医疗 600055	长航油运 600087
包钢股份 600010	中国医药 600056	中视传媒 600088
华能国际 600011	五矿发展 600058	特变电工 600089
皖通高速 600012	古越龙山 600059	啤酒花 600090
华夏银行 600015	海信电器 600060	＊ST 明科 600091
民生银行 600016	中纺投资 600061	禾嘉股份 600093
日照港 600017	双鹤药业 600062	哈高科 600095
上港集团 600018	皖维高新 600063	云天化 600096
宝钢股份 600019	南京高科 600064	开创国际 600097
中原高速 600020	宇通客车 600066	广州控股 600098
上海电力 600021	冠城大通 600067	林海股份 600099
济南钢铁 600022	葛洲坝 600068	同方股份 600100
中海发展 600026	银鸽投资 600069	明星电力 600101
华电国际 600027	浙江富润 600070	莱钢股份 600102
中国石化 600028	凤凰光学 600071	青山纸业 600103

南方航空 600029	中船股份 600072	上海汽车 600104
中信证券 600030	上海梅林 600073	永鼎股份 600105
三一重工 600031	中达股份 600074	重庆路桥 600106
福建高速 600033	新疆天业 600075	美尔雅 600107
楚天高速 600035	ST 华光 600076	亚盛集团 600108
招商银行 600036	*ST 百科 600077	国金证券 600109
歌华有线 600037	澄星股份 600078	中科英华 600110
哈飞股份 600038	人福医药 600079	包钢稀土 600111
四川路桥 600039	*ST 金花 600080	长征电气 600112
浙江东日 600113	*ST 建通 600149	生益科技 600183
东睦股份 600114	中国船舶 600150	光电股份 600184
东方航空 600115	航天机电 600151	格力地产 600185
三峡水利 600116	维科精华 600152	莲花味精 600186
西宁特钢 600117	建发股份 600153	国中水务 600187
中国卫星 600118	*ST 宝硕 600155	兖州煤业 600188
长江投资 600119	华升股份 600156	吉林森工 600189
浙江东方 600120	永泰能源 600157	锦州港 600190
郑州煤电 600121	中体产业 600158	华资实业 600191
宏图高科 600122	大龙地产 600159	长城电工 600192
兰花科创 600123	巨化股份 600160	创兴置业 600193
铁龙物流 600125	天坛生物 600161	中牧股份 600195
杭钢股份 600126	香江控股 600162	复星医药 600196
金健米业 600127	福建南纸 600163	伊力特 600197
弘业股份 600128	宁夏恒力 600165	大唐电信 600198
太极集团 600129	福田汽车 600166	金种子酒 600199
ST 波导 600130	联美控股 600167	江苏吴中 600200
*ST 岷电 600131	武汉控股 600168	金宇集团 600201
重庆啤酒 600132	太原重工 600169	哈空调 600202
东湖高新 600133	上海建工 600170	*ST 福日 600203
乐凯胶片 600135	上海贝岭 600171	有研硅股 600206

道博股份 600136	黄河旋风 600172	ST 安彩 600207
浪莎股份 600137	卧龙地产 600173	新湖中宝 600208
中青旅 600138	美都控股 600175	＊ST 罗顿 600209
西部资源 600139	中国玻纤 600176	紫江企业 600210
兴发集团 600141	雅戈尔 600177	西藏药业 600211
金发科技 600143	东安动力 600178	江泉实业 600212
＊ST 四维 600145	＊ST 黑化 600179	亚星客车 600213
大元股份 600146	＊ST 九发 600180	长春经开 600215
长春一东 600148	S 佳通 600182	浙江医药 600216
＊ST 秦岭 600217	南纺股份 600250	钱江水利 600283
全柴动力 600218	冠农股份 600251	浦东建设 600284
南山铝业 600219	中恒集团 600252	羚锐制药 600285
江苏阳光 600220	天方药业 600253	江苏舜天 600287
海南航空 600221	鑫科材料 600255	大恒科技 600288
太龙药业 600222	广汇股份 600256	亿阳信通 600289
鲁商置业 600223	大湖股份 600257	华仪电气 600290
天津松江 600225	首旅股份 600258	西水股份 600291
升华拜克 600226	广晟有色 600259	九龙电力 600292
赤天化 600227	凯乐科技 600260	三峡新材 600293
昌九生化 600228	阳光照明 600261	鄂尔多斯 600295
青岛碱业 600229	北方股份 600262	美罗药业 600297
沧州大化 600230	路桥建设 600263	安琪酵母 600298
凌钢股份 600231	景谷林业 600265	＊ST 新材 600299
金鹰股份 600232	北京城建 600266	维维股份 600300
大杨创世 600233	海正药业 600267	＊ST 南化 600301
ST 天龙 600234	国电南自 600268	标准股份 600302
民丰特纸 600235	赣粤高速 600269	曙光股份 600303
桂冠电力 600236	外运发展 600270	恒顺醋业 600305
铜峰电子 600237	航天信息 600271	商业城 600306
海南椰岛 600238	开开实业 600272	酒钢宏兴 600307

云南城投 600239	华芳纺织 600273	华泰股份 600308
华业地产 600240	ST 昌鱼 600275	烟台万华 600309
时代万恒 600241	恒瑞医药 600276	桂东电力 600310
ST 华龙 600242	亿利能源 600277	荣华实业 600311
青海华鼎 600243	东方创业 600278	平高电气 600312
万通地产 600246	重庆港九 600279	上海家化 600315
成城股份 600247	南京中商 600280	洪都航空 600316
延长化建 600248	太化股份 600281	营口港 600317
两面针 600249	南钢股份 600282	巢东股份 600318
亚星化学 600319	恒丰纸业 600356	金瑞科技 600390
振华重工 600320	国旅联合 600358	成发科技 600391
国栋建设 600321	新农开发 600359	太工天成 600392
天房发展 600322	华微电子 600360	东华实业 600393
南海发展 600323	华联综超 600361	盘江股份 600395
华发股份 600325	江西铜业 600362	金山股份 600396
西藏天路 600326	联创光电 600363	安源股份 600397
大厦股份 600327	*ST 通葡 600365	凯诺科技 600398
兰太实业 600328	宁波韵升 600366	抚顺特钢 600399
中新药业 600329	红星发展 600367	红豆股份 600400
天通股份 600330	五洲交通 600368	大有能源 600403
宏达股份 600331	西南证券 600369	动力源 600405
广州药业 600332	三房巷 600370	国电南瑞 600406
长春燃气 600333	万向德农 600371	安泰集团 600408
*ST 盛工 600335	ST 昌河 600372	三友化工 600409
澳柯玛 600336	*ST 鑫新 600373	华胜天成 600410
美克股份 600337	星马汽车 600375	小商品城 600415
ST 珠峰 600338	首开股份 600376	湘电股份 600416
天利高新 600339	宁沪高速 600377	江淮汽车 600418
ST 国祥 600340	天科股份 600378	ST 天宏 600419
航天动力 600343	宝光股份 600379	现代制药 600420

长江通信 600345	健康元 600380	ST 国药 600421
大橡塑 600346	ST 贤成 600381	昆明制药 600422
国阳新能 600348	广东明珠 600382	柳化股份 600423
山东高速 600350	金地集团 600383	青松建化 600425
亚宝药业 600351	ST 金泰 600385	华鲁恒升 600426
浙江龙盛 600352	北巴传媒 600386	中远航运 600428
旭光股份 600353	海越股份 600387	三元股份 600429
敦煌种业 600354	龙净环保 600388	吉恩镍业 600432
*ST 精伦 600355	江山股份 600389	冠豪高新 600433
中兵光电 600435	福建南纺 600483	康美药业 600518
片仔癀 600436	中创信测 600485	贵州茅台 600519
通威股份 600438	扬农化工 600486	三佳科技 600520
瑞贝卡 600439	亨通光电 600487	华海药业 600521
*ST 国通 600444	天药股份 600488	中天科技 600522
金证股份 600446	中金黄金 600489	贵航股份 600523
华纺股份 600448	*ST 合臣 600490	长园集团 600525
赛马实业 600449	龙元建设 600491	菲达环保 600526
涪陵电力 600452	凤竹纺织 600493	江南高纤 600527
*ST 博通 600455	晋西车轴 600495	中铁二局 600528
宝钛股份 600456	精工钢构 600496	山东药玻 600529
时代新材 600458	驰宏锌锗 600497	交大昂立 600530
贵研铂业 600459	烽火通信 600498	豫光金铅 600531
士兰微 600460	科达机电 600499	华阳科技 600532
洪城水业 600461	中化国际 600500	栖霞建设 600533
*ST 石岘 600462	航天晨光 600501	天士力 600535
空港股份 600463	安徽水利 600502	中国软件 600536
迪康药业 600466	华丽家族 600503	海通集团 600537
好当家 600467	西昌电力 600505	*ST 国发 600538
百利电气 600468	ST 香梨 600506	狮头股份 600539
风神股份 600469	方大特钢 600507	新赛股份 600540

六国化工 600470	上海能源 600508	莫高股份 600543
华光股份 600475	天富热电 600509	新疆城建 600545
湘邮科技 600476	黑牡丹 600510	山煤国际 600546
杭萧钢构 600477	国药股份 600511	山东黄金 600547
科力远 600478	腾达建设 600512	深高速 600548
千金药业 600479	联环药业 600513	厦门钨业 600549
凌云股份 600480	*ST 筑信 600515	天威保变 600550
双良节能 600481	方大炭素 600516	时代出版 600551
风帆股份 600482	置信电气 600517	方兴科技 600552
九龙山 600555	用友软件 600588	天宸股份 600620
康缘药业 600557	广东榕泰 600589	上海金陵 600621
大西洋 600558	泰豪科技 600590	嘉宝集团 600622
老白干酒 600559	龙溪股份 600592	双钱股份 600623
金自天正 600560	大连圣亚 600593	复旦复华 600624
江西长运 600561	益佰制药 600594	申达股份 600626
*ST 高陶 600562	中孚实业 600595	新世界 600628
法拉电子 600563	新安股份 600596	棱光实业 600629
迪马股份 600565	光明乳业 600597	龙头股份 600630
洪城股份 600566	北大荒 600598	百联股份 600631
山鹰纸业 600567	熊猫烟花 600599	*ST 海鸟 600634
中珠控股 600568	青岛啤酒 600600	大众公用 600635
安阳钢铁 600569	方正科技 600601	三爱富 600636
恒生电子 600570	广电电子 600602	广电信息 600637
信雅达 600571	ST 兴业 600603	新黄浦 600638
康恩贝 600572	ST 二纺 600604	浦东金桥 600639
惠泉啤酒 600573	汇通能源 600605	中卫国脉 600640
芜湖港 600575	金丰投资 600606	万业企业 600641
万好万家 600576	*ST 沪科 600608	申能股份 600642
精达股份 600577	*ST 金杯 600609	爱建股份 600643
京能热电 600578	SST 中纺 600610	乐山电力 600644

ST 黄海 600579	大众交通 600611	ST 中源 600645
卧龙电气 600580	老凤祥 600612	同达创业 600647
八一钢铁 600581	永生投资 600613	外高桥 600648
天地科技 600582	鼎立股份 600614	城投控股 600649
海油工程 600583	丰华股份 600615	锦江投资 600650
长电科技 600584	金枫酒业 600616	飞乐音响 600651
海螺水泥 600585	*ST 联华 600617	爱使股份 600652
金晶科技 600586	氯碱化工 600618	申华控股 600653
新华医疗 600587	海立股份 600619	飞乐股份 600654
豫园商城 600655	青岛海尔 600690	西单商场 600723
ST 方源 600656	*ST 东碳 600691	宁波富达 600724
信达地产 600657	亚通股份 600692	云维股份 600725
电子城 600658	东百集团 600693	华电能源 600726
福耀玻璃 600660	大商股份 600694	ST 新太 600728
新南洋 600661	大江股份 600695	重庆百货 600729
强生控股 600662	多伦股份 600696	中国高科 600730
陆家嘴 600663	欧亚集团 600697	湖南海利 600731
哈药股份 600664	ST 轻骑 600698	上海新梅 600732
天地源 600665	*ST 得亨 600699	S 前锋 600733
西南药业 600666	工大高新 600701	实达集团 600734
太极实业 600667	沱牌曲酒 600702	新华锦 600735
尖峰集团 600668	三安光电 600703	苏州高新 600736
天目药业 600671	中大股份 600704	中粮屯河 600737
东阳光铝 600673	ST 长信 600706	兰州民百 600738
川投能源 600674	彩虹股份 600707	辽宁成大 600739
中华企业 600675	海博股份 600708	*ST 山焦 600740
交运股份 600676	常林股份 600710	华域汽车 600741
航天通信 600677	雄震矿业 600711	一汽富维 600742
*ST 金顶 600678	南宁百货 600712	华远地产 600743
金山开发 600679	南京医药 600713	华银电力 600744

续表

上海普天 600680	ST 金瑞 600714	中茵股份 600745
南京新百 600682	ST 松辽 600715	江苏索普 600746
京投银泰 600683	凤凰股份 600716	大连控股 600747
珠江实业 600684	天津港 600717	上实发展 600748
广船国际 600685	东软集团 600718	西藏旅游 600749
金龙汽车 600686	大连热电 600719	江中药业 600750
刚泰控股 600687	祁连山 600720	SST 天海 600751
S 上石化 600688	ST 百花 600721	东方银星 600753
上海三毛 600689	*ST 金化 600722	锦江股份 600754
厦门国贸 600755	鲁抗医药 600789	上海物贸 600822
浪潮软件 600756	轻纺城 600790	世茂股份 600823
*ST 源发 600757	京能置业 600791	益民集团 600824
红阳能源 600758	ST 马龙 600792	新华传媒 600825
正和股份 600759	ST 宜纸 600793	兰生股份 600826
中航黑豹 600760	保税科技 600794	友谊股份 600827
安徽合力 600761	国电电力 600795	成商集团 600828
通策医疗 600763	钱江生化 600796	三精制药 600829
中电广通 600764	浙大网新 600797	香溢融通 600830
中航重机 600765	宁波海运 600798	广电网络 600831
园城股份 600766	ST 磁卡 600800	东方明珠 600832
运盛实业 600767	华新水泥 600801	第一医药 600833
宁波富邦 600768	福建水泥 600802	申通地铁 600834
*ST 祥龙 600769	威远生化 600803	上海机电 600835
综艺股份 600770	鹏博士 600804	界龙实业 600836
ST 东盛 600771	悦达投资 600805	海通证券 600837
西藏城投 600773	昆明机床 600806	上海九百 600838
汉商集团 600774	天业股份 600807	四川长虹 600839
南京熊猫 600775	马钢股份 600808	上柴股份 600841
东方通信 600776	山西汾酒 600809	上工申贝 600843
新潮实业 600777	神马股份 600810	丹化科技 600844

友好集团 600778	东方集团 600811	宝信软件 600845
水井坊 600779	华北制药 600812	同济科技 600846
通宝能源 600780	杭州解百 600814	ST 渝万里 600847
上海辅仁 600781	厦工股份 600815	自仪股份 600848
新钢股份 600782	安信信托 600816	华东电脑 600850
鲁信高新 600783	中路股份 600818	海欣股份 600851
鲁银投资 600784	耀皮玻璃 600819	龙建股份 600853
新华百货 600785	隧道股份 600820	ST 春兰 600854
中储股份 600787	津劝业 600821	航天长峰 600855
长百集团 600856	伊利股份 600887	合肥三洋 600983
工大首创 600857	新疆众和 600888	*ST 建机 600984
银座股份 600858	南京化纤 600889	雷鸣科化 600985
王府井 600859	ST 中房 600890	科达股份 600986
*ST 北人 600860	ST 秋林 600891	航民股份 600987
北京城乡 600861	*ST 宝诚 600892	*ST 宝龙 600988
南通科技 600862	航空动力 600893	四创电子 600990
内蒙华电 600863	广钢股份 600894	广汽长丰 600991
哈投股份 600864	张江高科 600895	贵绳股份 600992
百大集团 600865	中海海盛 600896	马应龙 600993
星湖科技 600866	厦门空港 600897	文山电力 600995
通化东宝 600867	长江电力 600900	开滦股份 600997
ST 梅雁 600868	滨州活塞 600960	九州通 600998
三普药业 600869	株冶集团 600961	招商证券 600999
ST 厦华 600870	国投中鲁 600962	唐山港 601000
S 仪化 600871	岳阳纸业 600963	大同煤业 601001
中炬高新 600872	福成五丰 600965	晋亿实业 601002
五洲明珠 600873	博汇纸业 600966	柳钢股份 601003
创业环保 600874	北方创业 600967	重庆钢铁 601005
东方电气 600875	郴电国际 600969	大秦铁路 601006
ST 洛玻 600876	中材国际 600970	金陵饭店 601007

中国嘉陵 600877	恒源煤电 600971	连云港 601008
航天电子 600879	宝胜股份 600973	南京银行 601009
博瑞传播 600880	新五丰 600975	宝泰隆 601011
亚泰集团 600881	武汉健民 600976	宁波港 601018
大成股份 600882	宜华木业 600978	中国神华 601088
博闻科技 600883	广安爱众 600979	中南传媒 601098
杉杉股份 600884	北矿磁材 600980	太平洋 601099
＊ST 力阳 600885	江苏开元 600981	昊华能源 601101
国投电力 600886	宁波热电 600982	中国一重 601106
四川成渝 601107	中国中铁 601390	皖新传媒 601801
中国国航 601111	工商银行 601398	中海油服 601808
三江购物 601116	吉林高速 601518	光大银行 601818
中国化学 601117	大智慧 601519	中国石油 601857
海南橡胶 601118	华锐风电 601558	中海集运 601866
四方股份 601126	北辰实业 601588	招商轮船 601872
博威合金 601137	中国铝业 601600	正泰电器 601877
深圳燃气 601139	中国太保 601601	大连港 601880
重庆水务 601158	上海医药 601607	中国国旅 601888
兴业银行 601166	广电电气 601616	亚星锚链 601890
西部矿业 601168	中国中冶 601618	中煤能源 601898
北京银行 601169	中国人寿 601628	紫金矿业 601899
杭齿前进 601177	平煤股份 601666	国投新集 601918
中国西电 601179	中国建筑 601668	中国远洋 601919
中国铁建 601186	DR 滨化股 601678	永辉超市 601933
龙江交通 601188	华泰证券 601688	建设银行 601939
内蒙君正 601216	潞安环能 601699	金钼股份 601958

续表

二重重装 601268	风范股份 601700	中国银行 601988
农业银行 601288	郑煤机 601717	中国重工 601989
中国北车 601299	际华集团 601718	大唐发电 601991
中国平安 601318	上海电气 601727	金隅股份 601992
交通银行 601328	中国南车 601766	中信银行 601998
广深铁路 601333	力帆股份 601777	出版传媒 601999
陕鼓动力 601369	光大证券 601788	
兴业证券 601377	星宇股份 601799	

附录 2

深圳证券交易所上市股票

深 市

平安银行 000001	ST 深泰 000034	广聚能源 000096
万 科 A 000002	*ST 科健 000035	中信海直 000099
ST 国农 000004	华联控股 000036	TCL 集团 000100
世纪星源 000005	深南电 A 000037	宜华地产 000150
深振业 A 000006	中集集团 000039	中成股份 000151
ST 零七 000007	深鸿基 000040	丰原药业 000153
ST 宝利来 000008	深长城 000042	川化股份 000155
中国宝安 000009	中航地产 000043	中联重科 000157
S ST 华新 000010	深纺织 A 000045	常山股份 000158
深物业 A 000011	泛海建设 000046	国际实业 000159
南 玻 A 000012	ST 康达尔 000048	东方市场 000301
沙河股份 000014	德赛电池 000049	潍柴动力 000338
深康佳 A 000016	深天马 A 000050	许继电气 000400
*ST 中华 A 000017	方大集团 000055	冀东水泥 000401
ST 中冠 A 000018	深国商 000056	金融街 000402
深深宝 A 000019	深赛格 000058	华意压缩 000404
深华发 A 000020	辽通化工 000059	胜利股份 000407
长城开发 000021	中金岭南 000060	*ST 金谷 000408
深赤湾 A 000022	农产品 000061	ST 泰复 000409
深天地 A 000023	深圳华强 000062	沈阳机床 000410
招商地产 000024	中兴通讯 000063	英特集团 000411
特 力 A 000025	北方国际 000065	宝 石 A 000413

续表

飞亚达 A 000026	长城电脑 000066	＊ST 汇通 000415
深圳能源 000027	ST 三星 000068	民生投资 000416
一致药业 000028	华侨城 A 000069	合肥百货 000417
深深房 A 000029	特发信息 000070	小天鹅 A 000418
＊ST 盛润 A 000030	海王生物 000078	通程控股 000419
中粮地产 000031	盐 田 港 000088	吉林化纤 000420
深桑达 A 000032	深圳机场 000089	南京中北 000421
新都酒店 000033	深 天 健 000090	湖北宜化 000422
东阿阿胶 000423	美的电器 000527	烽火电子 000561
徐工机械 000425	柳 工 000528	宏源证券 000562
富龙热电 000426	广弘控股 000529	陕国投 A 000563
华天酒店 000428	大冷股份 000530	西安民生 000564
粤高速 A 000429	穗恒运 A 000531	渝三峡 A 000565
＊ST 张股 000430	力合股份 000532	海南海药 000566
晨鸣纸业 000488	万 家 乐 000533	海德股份 000567
鄂武商 A 000501	万泽股份 000534	泸州老窖 000568
绿景地产 000502	华映科技 000536	苏常柴 A 000570
海虹控股 000503	广宇发展 000537	新大洲 A 000571
＊ST 传媒 000504	云南白药 000538	海马股份 000572
ST 珠江 000505	粤电力 A 000539	粤宏远 A 000573
中润投资 000506	中天城投 000540	ST 甘化 000576
珠海港 000507	佛山照明 000541	盐湖集团 000578
S＊ST 华塑 000509	皖能电力 000543	威孚高科 000581
金路集团 000510	中原环保 000544	北 海 港 000582
银基发展 000511	吉林制药 000545	友利控股 000584
丽珠集团 000513	光华控股 000546	东北电气 000585
渝 开 发 000514	闽福发 A 000547	ST 汇源 000586
开元控股 000516	湖南投资 000548	S＊ST 光明 000587
荣安地产 000517	江铃汽车 000550	黔轮胎 A 000589
四环生物 000518	创元科技 000551	紫光古汉 000590

江南红箭 000519	靖远煤电 000552	桐君阁 000591
长航凤凰 000520	沙隆达 A 000553	中福实业 000592
美菱电器 000521	泰山石油 000554	大通燃气 000593
白云山 A 000522	ST 太光 000555	国恒铁路 000594
广州浪奇 000523	*ST 广夏 000557	西北轴承 000595
东方宾馆 000524	莱茵置业 000558	古井贡酒 000596
红太阳 000525	万向钱潮 000559	东北制药 000597
旭飞投资 000526	昆百大 A 000560	兴蓉投资 000598
青岛双星 000599	茂化实华 000637	*ST 亚太 000691
建投能源 000600	万方地产 000638	惠天热电 000692
韶能股份 000601	西王食品 000639	滨海能源 000695
*ST 金马 000602	仁和药业 000650	*ST 偏转 000697
*ST 威达 000603	格力电器 000651	沈阳化工 000698
ST 四环 000605	泰达股份 000652	模塑科技 000700
青海明胶 000606	金岭矿业 000655	厦门信达 000701
华智控股 000607	ST 东源 000656	正虹科技 000702
阳光股份 000608	珠海中富 000659	*ST 光华 000703
绵世股份 000609	长春高新 000661	浙江震元 000705
西安旅游 000610	索芙特 000662	双环科技 000707
时代科技 000611	永安林业 000663	大冶特钢 000708
焦作万方 000612	武汉塑料 000665	河北钢铁 000709
ST 东海 A 000613	经纬纺机 000666	天兴仪表 000710
湖北金环 000615	名流置业 000667	天伦置业 000711
亿城股份 000616	荣丰控股 000668	锦龙股份 000712
石油济柴 000617	领先科技 000669	丰乐种业 000713
海螺型材 000619	阳光城 000671	中兴商业 000715
吉林敖东 000623	*ST 大水 000673	*ST 南方 000716
长安汽车 000625	*ST 思达 000676	韶钢松山 000717
如意集团 000626	山东海龙 000677	苏宁环球 000718
天茂集团 000627	襄阳轴承 000678	ST 能山 000720

高新发展 000628	大连友谊 000679	西安饮食 000721
*ST 钒钛 000629	山推股份 000680	美锦能源 000723
铜陵有色 000630	东方电子 000682	京东方 A 000725
顺发恒业 000631	远兴能源 000683	鲁 泰 A 000726
三木集团 000632	中山公用 000685	华东科技 000727
ST 合金 000633	东北证券 000686	国元证券 000728
英 力 特 000635	保定天鹅 000687	燕京啤酒 000729
风华高科 000636	宝新能源 000690	四川美丰 000731
ST 三农 000732	北新建材 000786	超声电子 000823
振华科技 000733	西南合成 000788	太钢不锈 000825
罗 牛 山 000735	江西水泥 000789	桑德环境 000826
ST 重 实 000736	华神集团 000790	东莞控股 000828
南风化工 000737	西北化工 000791	天音控股 000829
中航动控 000738	盐湖钾肥 000792	鲁西化工 000830
普洛股份 000739	华闻传媒 000793	*ST 关铝 000831
长城信息 000748	太原刚玉 000795	贵糖股份 000833
SST 集琦 000750	易食股份 000796	四川圣达 000835
锌业股份 000751	中国武夷 000797	鑫茂科技 000836
西藏发展 000752	中水渔业 000798	秦川发展 000837
漳州发展 000753	酒 鬼 酒 000799	国兴地产 000838
山西三维 000755	一汽轿车 000800	中信国安 000839
新华制药 000756	四川九洲 000801	承德露露 000848
中色股份 000758	北京旅游 000802	华茂股份 000850
武汉中百 000759	金宇车城 000803	高鸿股份 000851
*ST 博盈 000760	银河科技 000806	江钻股份 000852
本钢板材 000761	云铝股份 000807	ST 唐陶 000856
西藏矿业 000762	中汇医药 000809	五 粮 液 000858
通化金马 000766	华润锦华 000810	国风塑业 000859
漳泽电力 000767	烟台冰轮 000811	顺鑫农业 000860
西飞国际 000768	陕西金叶 000812	海印股份 000861

续表

广发证券 000776	天山纺织 000813	银星能源 000862
中核科技 000777	美利纸业 000815	安凯客车 000868
新兴铸管 000778	江淮动力 000816	张 裕 A 000869
三毛派神 000779	*ST 化工 000818	吉电股份 000875
平庄能源 000780	岳阳兴长 000819	新 希 望 000876
美达股份 000782	*ST 金城 000820	天山股份 000877
长江证券 000783	京山轻机 000821	云南铜业 000878
武汉中商 000785	山东海化 000822	潍柴重机 000880
大连国际 000881	嘉凯城 000918	锡业股份 000960
华联股份 000882	金陵药业 000919	中南建设 000961
湖北能源 000883	南方汇通 000920	东方钽业 000962
同力水泥 000885	ST 科 龙 000921	华东医药 000963
海南高速 000886	*ST 阿继 000922	天保基建 000965
中鼎股份 000887	河北宣工 000923	长源电力 000966
峨眉山 A 000888	众合机电 000925	上风高科 000967
渤海物流 000889	福星股份 000926	煤 气 化 000968
法 尔 胜 000890	一汽夏利 000927	安泰科技 000969
*ST 星美 000892	中钢吉炭 000928	中科三环 000970
东凌粮油 000893	兰州黄河 000929	ST 迈亚 000971
双汇发展 000895	丰原生化 000930	新 中 基 000972
津滨发展 000897	中 关 村 000931	佛塑股份 000973
鞍钢股份 000898	华菱钢铁 000932	科 学 城 000975
赣能股份 000899	神火股份 000933	*ST 春晖 000976
现代投资 000900	四川双马 000935	浪潮信息 000977
航天科技 000901	华 西 村 000936	桂林旅游 000978
*ST 中服 000902	冀中能源 000937	中弘地产 000979
云内动力 000903	紫光股份 000938	金马股份 000980
厦门港务 000905	凯迪电力 000939	中银绒业 000982
南方建材 000906	南天信息 000948	西山煤电 000983
*ST 天一 000908	新乡化纤 000949	大庆华科 000985

续表

数源科技 000909	建峰化工 000950	广州友谊 000987
大亚科技 000910	中国重汽 000951	华工科技 000988
南宁糖业 000911	广济药业 000952	九 芝 堂 000989
泸 天 化 000912	*ST河化 000953	诚志股份 000990
钱江摩托 000913	ST 欣龙 000955	闽东电力 000993
山大华特 000915	中通客车 000957	ST 皇台 000995
华北高速 000916	*ST东热 000958	中国中期 000996
电广传媒 000917	首钢股份 000959	新 大 陆 000997
隆平高科 000998	七喜控股 002027	中钢天源 002057
华润三九 000999	思源电气 002028	威 尔 泰 002058
宗申动力 001696	七 匹 狼 002029	云南旅游 002059
*ST豫能 001896	达安基因 002030	粤 水 电 002060
新 和 成 002001	巨轮股份 002031	江山化工 002061
ST琼花 002002	苏 泊 尔 002032	宏润建设 002062
伟星股份 002003	丽江旅游 002033	远光软件 002063
华邦制药 002004	美 欣 达 002034	华峰氨纶 002064
德豪润达 002005	华帝股份 002035	东华软件 002065
精功科技 002006	宜科科技 002036	瑞泰科技 002066
华兰生物 002007	久联发展 002037	景兴纸业 002067
大族激光 002008	双鹭药业 002038	黑猫股份 002068
天奇股份 002009	黔源电力 002039	獐 子 岛 002069
传化股份 002010	南 京 港 002040	众和股份 002070
盾安环境 002011	登海种业 002041	江苏宏宝 002071
凯恩股份 002012	华孚色纺 002042	*ST德棉 002072
中航精机 002013	兔 宝 宝 002043	软控股份 002073
永新股份 002014	江苏三友 002044	东源电器 002074
霞客环保 002015	广州国光 002045	雪 莱 特 002076
世荣兆业 002016	轴研科技 002046	大港股份 002077
东信和平 002017	成霖股份 002047	太阳纸业 002078
华星化工 002018	宁波华翔 002048	苏州固锝 002079

续表

鑫富药业 002019	晶源电子 002049	中材科技 002080
京新药业 002020	三花股份 002050	金 螳 螂 002081
中捷股份 002021	中工国际 002051	栋梁新材 002082
科华生物 002022	同洲电子 002052	孚日股份 002083
海特高新 002023	云南盐化 002053	海鸥卫浴 002084
苏宁电器 002024	德美化工 002054	万丰奥威 002085
航天电器 002025	得润电子 002055	东方海洋 002086
山东威达 002026	横店东磁 002056	新野纺织 002087
鲁阳股份 002088	紫鑫药业 002118	北纬通信 002148
新 海 宜 002089	康强电子 002119	西部材料 002149
金智科技 002090	新海股份 002120	江苏通润 002150
江苏国泰 002091	科陆电子 002121	北斗星通 002151
中泰化学 002092	天马股份 002122	广电运通 002152
国脉科技 002093	荣信股份 002123	石基信息 002153
青岛金王 002094	天邦股份 002124	报 喜 鸟 002154
生 意 宝 002095	湘潭电化 002125	辰州矿业 002155
南岭民爆 002096	银轮股份 002126	通富微电 002156
山河智能 002097	新民科技 002127	正邦科技 002157
浔兴股份 002098	露天煤业 002128	汉钟精机 002158
海翔药业 002099	中环股份 002129	三特索道 002159
天康生物 002100	沃尔核材 002130	常铝股份 002160
广东鸿图 002101	利欧股份 002131	远 望 谷 002161
冠福家用 002102	恒星科技 002132	斯 米 克 002162
广博股份 002103	广宇集团 002133	中航三鑫 002163
恒宝股份 002104	天津普林 002134	东力传动 002164
信隆实业 002105	东南网架 002135	红 宝 丽 002165
莱宝高科 002106	安 纳 达 002136	莱茵生物 002166
沃华医药 002107	实 益 达 002137	东方锆业 002167
沧州明珠 002108	顺络电子 002138	深圳惠程 002168
兴化股份 002109	拓邦股份 002139	智光电气 002169

三钢闽光 002110	东华科技 002140	芭田股份 002170
威海广泰 002111	蓉胜超微 002141	精诚铜业 002171
三变科技 002112	宁波银行 002142	澳洋科技 002172
ST 天润 002113	高金食品 002143	山 下 湖 002173
罗平锌电 002114	宏达高科 002144	梅 花 伞 002174
三维通信 002115	* ST 钛白 002145	广陆数测 002175
中国海诚 002116	荣盛发展 002146	江特电机 002176
东港股份 002117	方圆支承 002147	御银股份 002177
延华智能 002178	合肥城建 002208	天威视讯 002238
中航光电 002179	达 意 隆 002209	金 飞 达 002239
万 力 达 002180	飞马国际 002210	威华股份 002240
粤 传 媒 002181	宏达新材 002211	歌尔声学 002241
云海金属 002182	南洋股份 002212	九阳股份 002242
怡 亚 通 002183	特 尔 佳 002213	通产丽星 002243
海得控制 002184	大立科技 002214	滨江集团 002244
华天科技 002185	诺 普 信 002215	澳洋顺昌 002245
全 聚 德 002186	三全食品 002216	北化股份 002246
广百股份 002187	联合化工 002217	帝龙新材 002247
新 嘉 联 002188	拓日新能 002218	华东数控 002248
利达光电 002189	独 一 味 002219	大洋电机 002249
成飞集成 002190	天宝股份 002220	联化科技 002250
劲嘉股份 002191	东华能源 002221	步 步 高 002251
路翔股份 002192	福晶科技 002222	上海莱士 002252
山东如意 002193	鱼跃医疗 002223	川大智胜 002253
武汉凡谷 002194	三 力 士 002224	烟台氨纶 002254
海隆软件 002195	濮耐股份 002225	海陆重工 002255
方正电机 002196	江南化工 002226	彩虹精化 002256
证通电子 002197	奥 特 迅 002227	利尔化学 002258
嘉应制药 002198	合兴包装 002228	升达林业 002259
东晶电子 002199	鸿博股份 002229	伊 立 浦 002260

绿 大 地 002200	科大讯飞 002230	拓维信息 002261
九鼎新材 002201	奥维通信 002231	恩华药业 002262
金风科技 002202	启明信息 002232	大 东 南 002263
海亮股份 002203	塔牌集团 002233	新 华 都 002264
华锐铸钢 002204	民和股份 002234	西仪股份 002265
国统股份 002205	安妮股份 002235	浙富股份 002266
海 利 得 002206	大华股份 002236	陕天然气 002267
准油股份 002207	恒邦股份 002237	卫 士 通 002268
美邦服饰 002269	圣农发展 002299	皇氏乳业 002329
法因数控 002270	太阳电缆 002300	得利斯 002330
东方雨虹 002271	齐心文具 002301	皖通科技 002331
川润股份 002272	西部建设 002302	仙琚制药 002332
水晶光电 002273	美盈森 002303	罗普斯金 002333
华昌化工 002274	洋河股份 002304	英威腾 002334
桂林三金 002275	南国置业 002305	科华恒盛 002335
万马电缆 002276	湘鄂情 002306	人人乐 002336
友阿股份 002277	北新路桥 002307	赛象科技 002337
神开股份 002278	威创股份 002308	奥普光电 002338
久其软件 002279	中利科技 002309	积成电子 002339
新世纪 002280	东方园林 002310	格林美 002340
光迅科技 002281	海大集团 002311	新纶科技 002341
博深工具 002282	三泰电子 002312	巨力索具 002342
天润曲轴 002283	日海通讯 002313	禾欣股份 002343
亚太股份 002284	雅致股份 002314	海宁皮城 002344
世联地产 002285	焦点科技 002315	潮宏基 002345
保龄宝 002286	键桥通讯 002316	柘中建设 002346
奇正藏药 002287	众生药业 002317	泰尔重工 002347
超华科技 002288	久立特材 002318	高乐股份 002348
宇顺电子 002289	乐通股份 002319	精华制药 002349
禾盛新材 002290	海峡股份 002320	北京科锐 002350

星期六 002291	华英农业 002321	漫步者 002351
奥飞动漫 002292	理工监测 002322	鼎泰新材 002352
罗莱家纺 002293	中联电气 002323	杰瑞股份 002353
信立泰 002294	普利特 002324	科冕木业 002354
精艺股份 002295	洪涛股份 002325	兴民钢圈 002355
辉煌科技 002296	永太科技 002326	浩宁达 002356
博云新材 002297	富安娜 002327	富临运业 002357
鑫龙电器 002298	新朋股份 002328	森源电气 002358
齐星铁塔 002359	南洋科技 002389	天虹商场 002419
同德化工 002360	信邦制药 002390	毅昌股份 002420
神剑股份 002361	长青股份 002391	达实智能 002421
汉王科技 002362	北京利尔 002392	科伦药业 002422
隆基机械 002363	力生制药 002393	中原特钢 002423
中恒电气 002364	联发股份 002394	贵州百灵 002424
永安药业 002365	双象股份 002395	凯撒股份 002425
丹甫股份 002366	星网锐捷 002396	胜利精密 002426
康力电梯 002367	梦洁家纺 002397	尤夫股份 002427
太极股份 002368	建研集团 002398	云南锗业 002428
卓翼科技 002369	海普瑞 002399	兆驰股份 002429
亚太药业 002370	省广股份 002400	杭氧股份 002430
七星电子 002371	交技发展 002401	棕榈园林 002431
伟星新材 002372	和而泰 002402	九安医疗 002432
联信永益 002373	爱仕达 002403	太安堂 002433
丽鹏股份 002374	嘉欣丝绸 002404	万里扬 002434
亚厦股份 002375	四维图新 002405	长江润发 002435
新北洋 002376	远东传动 002406	兴森科技 002436
国创高新 002377	多氟多 002407	誉衡药业 002437
章源钨业 002378	齐翔腾达 002408	江苏神通 002438
鲁丰股份 002379	雅克科技 002409	启明星辰 002439
科远股份 002380	广联达 002410	闰土股份 002440

双箭股份 002381	九九久 002411	众业达 002441
蓝帆股份 002382	汉森制药 002412	龙星化工 002442
合众思壮 002383	常发股份 002413	金洲管道 002443
东山精密 002384	高德红外 002414	巨星科技 002444
大北农 002385	海康威视 002415	中南重工 002445
天原集团 002386	爱施德 002416	盛路通信 002446
黑牛食品 002387	三元达 002417	壹桥苗业 002447
新亚制程 002388	康盛股份 002418	中原内配 002448
国星光电 002449	富春环保 002479	天广消防 002509
康得新 002450	新筑股份 002480	天汽模 002510
摩恩电气 002451	双塔食品 002481	中顺洁柔 002511
长高集团 002452	广田股份 002482	达华智能 002512
天马精化 002453	润邦股份 002483	蓝丰生化 002513
松芝股份 002454	江海股份 002484	宝馨科技 002514
百川股份 002455	希努尔 002485	金字火腿 002515
欧菲光 002456	嘉麟杰 002486	江苏旷达 002516
青龙管业 002457	大金重工 002487	泰亚股份 002517
益生股份 002458	金固股份 002488	科士达 002518
天业通联 002459	浙江永强 002489	银河电子 002519
赣锋锂业 002460	山东墨龙 002490	日发数码 002520
珠江啤酒 002461	通鼎光电 002491	齐峰股份 002521
嘉事堂 002462	恒基达鑫 002492	浙江众成 002522
沪电股份 002463	荣盛石化 002493	天桥起重 002523
金利科技 002464	华斯股份 002494	光正钢构 002524
海格通信 002465	佳隆股份 002495	山东矿机 002526
天齐锂业 002466	辉丰股份 002496	新时达 002527
二六三 002467	雅化集团 002497	英飞拓 002528
艾迪西 002468	汉缆股份 002498	海源机械 002529
三维工程 002469	科林环保 002499	丰东股份 002530
金正大 002470	山西证券 002500	天顺风能 002531

续表

中超电缆 002471	利源铝业 002501	新界泵业 002532
双环传动 002472	骅威股份 002502	金杯电工 002533
圣莱达 002473	搜于特 002503	杭锅股份 002534
榕基软件 002474	东光微电 002504	林州重机 002535
立讯精密 002475	大康牧业 002505	西泵股份 002536
宝莫股份 002476	超日太阳 002506	海立美达 002537
雏鹰农牧 002477	涪陵榨菜 002507	司尔特 002538
常宝股份 002478	老板电器 002508	新都化工 002539
亚太科技 002540	汉威电子 300007	新宙邦 300037
鸿路钢构 002541	上海佳豪 300008	梅泰诺 300038
中化岩土 002542	安科生物 300009	上海凯宝 300039
万和电气 002543	立思辰 300010	九洲电气 300040
杰赛科技 002544	鼎汉技术 300011	回天胶业 300041
东方铁塔 002545	华测检测 300012	朗科科技 300042
新联电子 002546	新宁物流 300013	星辉车模 300043
春兴精工 002547	亿纬锂能 300014	赛为智能 300044
金新农 002548	爱尔眼科 300015	华力创通 300045
凯美特气 002549	北陆药业 300016	台基股份 300046
千红制药 002550	网宿科技 300017	天源迪科 300047
尚荣医疗 002551	中元华电 300018	合康变频 300048
宝鼎重工 002552	硅宝科技 300019	福瑞股份 300049
南方轴承 002553	银江股份 300020	世纪鼎利 300050
惠博普 002554	大禹节水 300021	三五互联 300051
顺荣股份 002555	吉峰农机 300022	中青宝 300052
辉隆股份 002556	宝德股份 300023	欧比特 300053
洽洽食品 002557	机器人 300024	鼎龙股份 300054
世纪游轮 002558	华星创业 300025	万邦达 300055
亚威股份 002559	红日药业 300026	三维丝 300056
通达股份 002560	华谊兄弟 300027	万顺股份 300057
徐家汇 002561	金亚科技 300028	蓝色光标 300058

续表

上海绿新 002565	天龙光电 300029	东方财富 300059
益盛药业 002566	阳普医疗 300030	康耐特 300061
特锐德 300001	宝通带业 300031	中能电气 300062
神州泰岳 300002	金龙机电 300032	天龙集团 300063
乐普医疗 300003	同花顺 300033	豫金刚石 300064
南风股份 300004	钢研高纳 300034	海兰信 300065
探路者 300005	中科电气 300035	三川股份 300066
莱美药业 300006	超图软件 300036	安诺其 300067
南都电源 300068	高新兴 300098	锦富新材 300128
金利华电 300069	尤洛卡 300099	泰胜风能 300129
碧水源 300070	双林股份 300100	新国都 300130
华谊嘉信 300071	国腾电子 300101	英唐智控 300131
三聚环保 300072	乾照光电 300102	青松股份 300132
当升科技 300073	达刚路机 300103	华策影视 300133
华平股份 300074	乐视网 300104	大富科技 300134
数字政通 300075	龙源技术 300105	宝利沥青 300135
宁波 GQY 300076	西部牧业 300106	信维通信 300136
国民技术 300077	建新股份 300107	先河环保 300137
中瑞思创 300078	双龙股份 300108	晨光生物 300138
数码视讯 300079	新开源 300109	福星晓程 300139
新大新材 300080	华仁药业 300110	启源装备 300140
恒信移动 300081	向日葵 300111	和顺电气 300141
奥克股份 300082	万讯自控 300112	沃森生物 300142
劲胜股份 300083	顺网科技 300113	星河生物 300143
海默科技 300084	中航电测 300114	宋城股份 300144
银之杰 300085	长盈精密 300115	南方泵业 300145
康芝药业 300086	坚瑞消防 300116	汤臣倍健 300146
荃银高科 300087	嘉寓股份 300117	香雪制药 300147
长信科技 300088	东方日升 300118	天舟文化 300148
长城集团 300089	瑞普生物 300119	量子高科 300149

续表

盛运股份 300090	经纬电材 300120	世纪瑞尔 300150
金通灵 300091	阳谷华泰 300121	昌红科技 300151
科新机电 300092	智飞生物 300122	燃控科技 300152
金刚玻璃 300093	太阳鸟 300123	科泰电源 300153
国联水产 300094	汇川技术 300124	瑞凌股份 300154
华伍股份 300095	易世达 300125	安居宝 300155
易联众 300096	锐奇股份 300126	天立环保 300156
智云股份 300097	银河磁体 300127	恒泰艾普 300157
振东制药 300158	万达信息 300168	腾邦国际 300178
新研股份 300159	天晟新材 300169	四方达 300179
秀强股份 300160	汉得信息 300170	华峰超纤 300180
华中数控 300161	东富龙 300171	佐力药业 300181
雷曼光电 300162	中电环保 300172	捷成股份 300182
先锋新材 300163	松德股份 300173	东软载波 300183
通源石油 300164	元力股份 300174	力源信息 300184
天瑞仪器 300165	朗源股份 300175	通裕重工 300185
东方国信 300166	鸿特精密 300176	大华农 300186
迪威视讯 300167	中海达 300177	永清环保 300187

附录 **3**

沪深证券交易所上市基金

基　金

基金金泰 500001	申赎资金 510022	申赎资金 510112
基金泰和 500002	价值 ETF 510030	中盘 ETF 510130
基金安信 500003	价值申赎 510031	中盘申赎 510131
基金汉盛 500005	申赎资金 510032	申赎资金 510132
基金裕阳 500006	50ETF 510050	消费 ETF 510150
基金兴华 500008	50 申赎 510051	消费申赎 510151
基金安顺 500009	申赎资金 510052	申赎资金 510152
基金金鑫 500011	央企 ETF 510060	小康 ETF 510160
基金汉兴 500015	央企申赎 510061	小康申赎 510161
基金兴和 500018	申赎资金 510062	申赎资金 510162
基金通乾 500038	民企 ETF 510070	商品 ETF 510170
基金科瑞 500056	民企申赎 510071	商品申赎 510171
基金银丰 500058	申赎资金 510072	申赎资金 510172
治理 ETF 510010	责任 ETF 510090	180ETF 510180
治理申赎 510011	责任申赎 510091	180 申赎 510181
申赎资金 510012	申赎资金 510092	申赎资金 510182
超大 ETF 510020	周期 ETF 510110	龙头 ETF 510190
超大申赎 510021	周期申赎 510111	龙头申赎 510191

申赎资金 510192	新华成长 519089	交银先锋 519698
红利 ETF 510880	新华钻石 519093	交银主题 519700
红利申赎 510881	新华行业 519095	交银趋势 519702
申赎资金 510882	新华市值 519097	长信量化 519983
银华优选 519001	长盛 100 519100	CX 中短债 519985
海富收益 519003	浦银价值 519110	长信恒利 519987
海富股票 519005	浦银收益 519111	长信利丰 519989
海富回报 519007	浦银生活 519113	长信双利 519991
添富优势 519008	浦银红利 519115	长信增利 519993
海富精选 519011	浦银 300 519116	长信金利 519995
海富优势 519013	万家 180 519180	长信银利 519997
海富贰号 519015	万家和谐 519181	浦银货 A 521509
大成成长 519017	万家引擎 519183	银华 YXZT 522001
添富均衡 519018	万家精选 519185	海富 SYZT 522003
大成景阳 519019	万家稳增 519186	海富 GPZT 522005
金鼎价值 519021	大成 300A 519300	海富 QHZT 522007
海富债券 519023	万家货币 519508	添富 YSZT 522008
海富领先 519025	浦银货 A 519509	海富 JXZT 522011
海富小盘 519026	添富货币 519518	海富 YSZT 522013
海富周期 519027	友邦增利 519519	海富 EHZT 522015
华夏稳增 519028	银河银信 519666	大成 CZZT 522017
华夏稳增 519029	银河成长 519668	添富 JHZT 522018
海富稳固 519030	银河行业 519670	大成 JYZT 522019
富国天博 519035	300 价值 519671	金鼎 JZZT 522021
长盛同德 519039	银河蓝筹 519672	海富 ZQZT 522023
添富蓝筹 519066	银河创新 519674	海富 LXZT 522025
添富焦点 519068	交银增利 519680	海富 XPZT 522026
添富价值 519069	交银精选 519688	海富 SZZT 522027
添富增收 519078	交银稳健 519690	华夏 WZZT 522028
新华分红 519087	交银成长 519692	华夏 WZZT 522029

海富 WGZT 522030	300JZZT 522671	海富 ZQFH 523023
富国 TBZT 522035	银河 LCZT 522672	海富 LXFH 523025
长盛 TDZT 522039	银河 CXZT 522674	海富 XPFH 523026
添富 LCZT 522066	交银 ZLZT 522680	海富 SZFH 523027
添富 JDZT 522068	交银 JXZT 522688	华夏 WZFH 523028
添富 JZZT 522069	交银 WJZT 522690	华夏 WZFH 523029
添富 ZSZT 522078	交银 CZZT 522692	海富 WGFH 523030
新华 FHZT 522087	交银 XFZT 522698	富国 TBFH 523035
新华 CZZT 522089	交银 ZTZT 522700	长盛 TDFH 523039
新华 ZSZT 522093	交银 QSZT 522702	添富 LCFH 523066
新华 HYZT 522095	长信 LHZT 522983	添富 JDFH 523068
新华 SZZT 522097	CXZDZZT 522985	添富 JZFH 523069
长盛 YBZT 522100	长信 HLZT 522987	添富 ZSFH 523078
浦银 JZZT 522110	长信 LFZT 522989	新华 FHFH 523087
浦银 SYZT 522111	长信 SLZT 522991	新华 CZFH 523089
浦银 SHZT 522113	长信 ZLZT 522993	新华 ZSFH 523093
浦银 HLZT 522115	长信 JLZT 522995	新华 HYFH 523095
浦银 30ZT 522116	长信 YLZT 522997	新华 SZFH 523097
万家 18ZT 522180	银华 YXFH 523001	长盛 YBFH 523100
万家 HXZT 522181	海富 SYFH 523003	浦银 JZFH 523110
万家 YQZT 522183	海富 GPFH 523005	浦银 SYFH 523111
万家 JXZT 522185	海富 QHFH 523007	浦银 SHFH 523113
万家 WZZT 522186	添富 YSFH 523008	浦银 HLFH 523115
大成 ZSZT 522300	海富 JXFH 523011	浦银 30FH 523116
万家 HBZT 522508	海富 YSFH 523013	万家 18FH 523180
添富 HBZT 522518	海富 EHFH 523015	万家 HXFH 523181
友邦 ZLZT 522519	大成 CZFH 523017	万家 YQFH 523183
银河 YXZT 522666	添富 JHFH 523018	万家 JXFH 523185
银河 CZZT 522668	大成 JYFH 523019	万家 WZFH 523186
银河 HYZT 522670	金鼎 JZFH 523021	大成 ZSFH 523300

友邦 ZLFH 523519	瑞和远见 150009	国泰价值 160215
银河 YXFH 523666	国泰优先 150010	华夏蓝筹 160311
银河 CZFH 523668	国泰进取 150011	华夏行业 160314
银河 HYFH 523670	双禧 A 150012	博时主题 160505
300JZFH 523671	双禧 B 150013	鹏华价值 160607
银河 LCFH 523672	合润 A 150016	鹏华动力 160610
银河 CXFH 523674	合润 B 150017	鹏华治理 160611
交银 ZLFH 523680	银华稳进 150018	鹏华创新 160613
交银 JXFH 523688	银华锐进 150019	鹏华 300 160615
交银 WJFH 523690	汇利 A 150020	鹏华 500 160616
交银 CZFH 523692	汇利 B 150021	鹏华丰润 160617
交银 XFFH 523698	申万收益 150022	嘉实 300 160706
交银 ZTFH 523700	申万进取 150023	嘉实 50 160716
交银 QSFH 523702	景丰 A 150025	恒生 H 股 160717
长信 LHFH 523983	景丰 B 150026	嘉实多利 160718
CXZDZFH 523985	添利 B 150027	长盛同智 160805
长信 HLFH 523987	深 100ETF 159901	长盛 300 160807
长信 LFFH 523989	中 小 板 159902	大成创新 160910
长信 SLFH 523991	深成 ETF 159903	富国天惠 161005
长信 ZLFH 523993	深红利 159905	富国天丰 161010
长信 JLFH 523995	深成长 159906	易基岁丰 161115
长信 YLFH 523997	深 100 净 159A01	国投新兴 161210
长虹 CWB1 580027	中 小 板 159A02	国投金融 161211
ES110818 582027	深成净 159A03	国投消费 161213
瑞福进取 150001	深红利 159A05	双债 A 161216
大成优选 150002	深成长 159A06	融通巨潮 161607
建信优势 150003	南方积配 160105	融通领先 161610
同庆 A 150006	南方高增 160106	招商成长 161706
同庆 B 150007	南方 500 160119	招商信用 161713
瑞和小康 150008	国泰小盘 160211	银华内需 161810

续表

银华300 161811	大摩资源 163302	中欧强债 166008
银华信用 161813	兴全趋势 163402	基金开元 184688
银华通胀 161815	兴全300 163407	基金普惠 184689
银华90 161816	天治核心 163503	基金同益 184690
万家公用 161903	中银中国 163801	基金景宏 184691
万家红利 161907	华富强债 164105	基金裕隆 184692
长城久富 162006	天弘深成 164205	基金普丰 184693
泰达效率 162207	建信300 165309	基金天元 184698
海富100 162307	信诚深度 165508	基金同盛 184699
景顺鼎益 162605	信诚增强 165509	基金景福 184701
景顺资源 162607	信诚四国 165510	基金裕泽 184705
广发小盘 162703	中欧趋势 166001	基金丰和 184721
广发500 162711	中欧小盘 166006	基金久嘉 184722
长信100 163001	中欧300 166007	基金鸿阳 184728